华尔街经典译丛·08

江恩趋势预测法

(第二版)

[美] 威廉D. 江恩 著
何 君 译

地震出版社
Seismological Press

图书在版编目（CIP）数据

江恩趋势预测法/（美）江恩著；何君译．—2版．
—北京：地震出版社，2014.8（2025.2重印）
书名原文：How to Make Profits in Commodities
ISBN 978-7-5028-4452-3

Ⅰ.①江…　Ⅱ.①江…②何…　Ⅲ.①期货交易—基本知识
Ⅳ.①F830.9

中国版本图书馆CIP数据核字（2014）第179670号

地震版　XM5960

江恩趋势预测法（第二版）
［美］威廉D.江恩　著
何　君　译
责任编辑：薛广盈
责任校对：孔景宽

出版发行：地震出版社
北京市海淀区民族大学南路9号　邮编：100081
发行部：68423031　68467993　传真：88421706
门市部：68467991　传真：68467991
总编室：68462709　68423029　传真：68455221
证券图书事业部：68426052　68470332
http://seismologicalpress.com
E-mail：zqbj68426052@163.com
经销：全国各地新华书店
印刷：河北文盛印刷有限公司

版（印）次：2014年8月第二版　2025年2月第八次印刷
开本：787×1092　1/16
字数：142千字
印张：9.25
书号：ISBN 978-7-5028-4452-3/F（5142）
定价：30.00元

译 者 序

本书是江恩先生《How to Make Profits in Commodities》(《如何从商品期货中赢利》)一书的精华版。

由于商品期货很难被人为操纵，江恩先生一直认为商品期货的市场趋势更符合自己的技术原理，更适合对于市场实际趋势进行预测，投机交易也就比在股市中更能赢利。同时，本书的英文原版中有大量的美国几十年前资料性数据（约占全书文字量的70%)。基于这两个原因，译者只保留了核心的技术性文本，并将这个精华版重新命名为《江恩趋势预测法》。

我认为《How to Make Profits in Commodities》一书是江恩先生以商品期货为例子，阐述了趋势预测的法则。

在江恩先生前几本公开出版的图书中，尽管涉及到一些判断趋势的规则，但是没有系统和全面阐述过趋势预测。本书作为公开出版图书，江恩先生没有涉及自己独特的高级预测方法，但是从**实际交易**的角度，给读者提供了**一整套切实有效的趋势预测法则**。

江恩先生认为趋势预测的四个关键因素是：**形态、时间、阻力位和成交量**。在这里必须提醒读者的是，江恩技术的理论是建立在循环原理基础上的时空运动体系，因此，同样是**“形态、时间、阻力位和成交量”**这四个术语，在其体系中与一般技术理论中的定义并不全完一致。读者只有意识到了这一点，才有可能真正掌握本书中的趋势预测法则。

我个人对于这四个术语的理解是这样的。

形态是价格纪录的图形化与数字化，既有一般技术形态分析中的图形化的分类和分解，也有绝对数字和相对数值的技术意义分析。形态是趋势预测中其他要素的前提，本身也是重要的分析要点。个人认为，在江恩的趋势预测中形态分析有两个重要意义。首先是判断趋势的持续与逆转；其次是判断趋势的强弱。

时间是江恩理论体系的核心。江恩第一次在本书中公开提出了时间趋势这个术语。个人理解认为，这个术语的使用将时间周期数值化了，因此也就可以采用价格纪录与分析的方法去分析时间，自然也就有了时间趋势的预测和使用。

阻力位是典型的空间术语。江恩把价格空间用百分比进行分割得出阻力位列表，并在本书中给出了趋势逆转的重要实战数据。

成交量是驱动价格运动的根本原因。江恩更多地是从市场换手（也就是市场参与者的心理）的角度阐述了成交量的趋势意义。筹码集中的阶段就是相对的底部；筹码分散的阶段则是相对的顶部。

如果进行投机交易的时候，交易者能够把上述四个因素结合起来使用，并遵循江恩先生给出的具体规则，就能够成功预测各种级别的市场趋势，并采取对应的操作——投机，正如江恩先生所说的那样——也就成为了一种有利可图的职业。

看过本译丛其他图书的读者可能会发现，在本书的“译者序”中我阐述了比较多的个人理解。站在经典图书的角度，我个人反对译者大量阐述个人理解的观点，因为这样可能误导读者自己对大师本义的理解。但是在本书中，我不得不稍微多说几句个人的理解，因为在于江恩晚期的一些变化上。

我们知道，江恩先生在生前阐述自己的理论体系和交易方法时主要有两个途径，一是公开出版的图书；二是签署了保密协议的内部培训。在早期，江恩先生是把这两块区分得很明确的；到了晚期，江恩先生为了帮助更多的人，在公开出版的图书中也逐渐暗示、透露一些以前仅仅在内部培训中才会涉及的内容。本书就是江恩比较全面涉及内部培训的公开出版图书之一。

很自然，由于仅仅是“暗示和透露”，一些内容自然会感觉比较突兀，有些读者可能理解起来的难度就相对较大。我个人基于这个理由，不得不稍微阐述了一些个人的理解。

相对于博大精深的江恩理论，我个人的水平和见识远远不够，因此前面的个人观点仅供参考。不当之处，敬请指正。

何　君

2012 年 6 月于北京

关于江恩著作翻译中的技术术语说明

江恩先生在其所有的著作中反复强调了一点：交易者与医生、律师一样，都是专业人士；交易技术也与医学、法律一样，都是严谨的科学。江恩先生非常在意术语的**规范使用**，他采用清晰和准确的**术语作为基础**，严谨地阐述了自己的交易思想和交易技术体系。

在翻译江恩先生著作的过程中，术语的翻译与规范一直是难点和重点。首先是江恩先生的交易技术自成体系，并由于时间的原因导致他在使用术语的时候一定程度上与现在流行的表达方式有差异。第二个原因是东西方在语言和思维的差异，西方文字偏重于精确，东方语言则侧重于形象，因此如果直接使用流行的中文术语就很难精确表达江恩先生的技术细节，很容易导致译文读起来很是热闹，关键的“门道”则被忽略掉了。

我在第一次阅读江恩先生著作的英文版时就意识到了这个问题，例如仅仅是关于下跌，江恩先生就使用了多种术语，这些术语非常自然地把下跌分为了不同的具体类型，因此也正是这些规范的并且与**实际操作密切相关的术语**，帮助了读者正确理解江恩先生描述的**真正市场形态**。如果能够在译文中规范地使用术语，就能**最大限度地用中文再现江恩先生的本义**。正是基于这个考虑，为了读者更好理解原著中交易技术的细节，我特意将江恩著作中最主要的技术术语解释放在了全书的最前面。

盘势（*Tape*）——英文本身是指早期股票报价机的价格纸带。这个词汇有人翻译为“大盘”，这个是不妥当的。盘势是指盘面上所有情况的意思，包括大盘、不同股票板块和个股的价位、时间周期、成交量、波动区间等所有的相关信息，以及这些信息综合起来传达的特定技术信号。

图表（*Chart*）——有人翻译为“走势图”。尽管走势图是中文中最常见的术语，但是由于江恩理论的复杂性，有各种各样的图表，仅仅用“走势图”是不恰当的，因此本书采用了“图表”这个术语。

强弱形态（*Position*）——在绝大多数情况下，江恩使用这个词汇是指市场整体或是个股技术形态的强弱；很少的时候是指价格空间的相对位置。

停留在狭窄的交易区间（*Held in a narrow trading range*）——这是江恩用来特指非趋势期间的市场表现，一般与吸筹或是派发对应。

吸筹（*Accumulation*）——股票筹码从分散到集中的过程。

派发（*Distribution*）——股票筹码从集中到分散的过程。

股票变现或是套现（*Liquidation*）——有人翻译为“清算”。江恩是指由持仓状态转为持币状态。

急促下跌（*Rapid decline*）——日线级别上的持续下跌，通常为阶段性高点的回调。

陡直下跌（*Sharp decline*）——短时间周期内的大幅下跌，因此下跌的角度非常大。通常是阶段性见顶后，或是下跌过程中窄幅横盘后向下突破的起始部分。其特点是下跌快速、幅度大。

暴跌（*Drastic decline*）——日线级别以上，至少是周线级别的大幅快速下跌。通常是陡直下跌后出现反弹，其反弹又确认了前一个顶部或是反弹高点为最终顶部后的主要趋势变化。

恐慌性下跌（*Panicky decline*）——由特定消息导致市场参与者出现恐慌性心理而形成的。一般是第一段下跌后的第二段“多杀多”加速下跌段。在阐述基本面用到这个术语时，主要是指公众超买之后出现大利空，或是长期下跌之后出现大利空的市场表现。

陡直崩跌（*Sharp break*）——江恩一般用 *break* 表达向下突破。陡直崩跌是指从顶部直接跌破了顶部区间的最低点，并持续下跌的情形。

逐步下跌（*Gradually declined*）——类似“阴跌”，主要是由于供求关系失衡的原因导致的。

修正性下跌（*Correction decline*）——主要趋势向上期间的正常回调。

收窄（*Narrows down*）——这是描述临近底部的一个重要术语。意思是指在下跌的最后阶段，小周期下跌和反弹的幅度都越来越小。

彻底清洗（*Clean－out*）——下跌趋势尾声阶段，市场在基本面和技术面的共同作用下，促使长期的多头卖出筹码的情形，通常会形成“空头陷阱”。

阻力位（*Resistance level*）——在西方的交易技术中，支撑位和阻力位都可以使用这个术语。

穿越（*Crossed*）——价格或是点数上行并超过了先前顶部的价格或是点数，通常情况可理解为向上突破。

弹升（*Rebounded*）——陡直下跌后的快速反弹，比通常的“反弹”力度要强很多，一般是指V形底右边的走势。

佯动（*False moves*）——与主要趋势相反的小型逆向运动，也就是窄幅横盘时的假突破。

加码（*Pyramid*）——江恩通常采用等比加仓法，并且在加码一定次数后买进的数量还要降低。

最后重要的冲刺（*Final grand rush*）——这是指特定时间周期上以7～10个时间单位的几近于失控的上涨。这个阶段既是最能赢利的阶段，也是赶顶的阶段，随后通常是陡直下跌。

急促反弹（*Swift rally*）——与陡直下跌对应的逆向反弹，与通常说的“脉冲上涨”类似。

温和反弹（*Moderate rally*）——中规中矩反弹，主要是指主要趋势向下期间的逆向小型趋势，通常是由小时间周期因素导致的。

最高点（*High*）——一轮趋势的阶段性新高，或是先前趋势中的阶段性高点。

顶部（*Top*）——在江恩中级理论中，顶部是一个区间，是由一系列的最高点和回调低点形成的区间。在初级理论中，有时候与最高点的意义一样。但是要注意在直接提出“单顶”、“双顶”和“三重顶”的时候，技术上的价格区间就会非常狭窄，与前面顶部的定义不一样的。

极限高点（*Extreme high*）——顶部区间的最高点。极限高点和极限低点时江恩理论中独特的术语，这是与江恩高级理论的精确预测法有关系的一个术语。

老顶（*Old top*）——先前趋势中的各个顶部。

最低点（*Low*）——与最高点对应的术语。

底部（*Bottom*）——与顶部对应的术语。

老底（*Old bottom*）——与老顶对应的术语。

极限低点（*Extreme low*）——与极限高点对应的术语。

时间周期（*Period of time*）——在特定的周期级别的图表上，从一个极限（高或是低）点到另外一个极限（高或是低）运行的时间长度。

时间趋势（*Time trend*）——在同时间周期的图表上，从一个顶部到接下来的底部，或是从一个底部到接下来的顶部为一次摆动。不同摆动经历的时间周期的长短进行相互比较，就是在进行时间趋势的判断。

前高（或前低）（*Last*）——通常是指同时间周期图表中相邻摆动形成的顶部或是底部；有时候是指主要趋势运动中最后一轮小型趋势形成的顶部或是底部。

原作者序

我撰写本书是为了满足一种普遍的需求，并给出可以预测商品期货趋势的各种规则。过去几年以来，环境迅速改变，而且这次战争结束之后，环境还将以有史以来最快的速度发生改变。人类将回归到自然的土壤去谋生。未来，投资者和投机者将不得不寻找新的谋生方式，并且会发现在股市中谋生变得更加困难。因此，如果交易者了解了应该遵循的交易规则，那么比起股票和债券投资，生活必需品——基础商品将提供更多的机会。

我的目的是写作一些东西，帮助那些身处交易前线的人，和那些在商品期货市场中拥有多年经验的人，以及那些渴望知识、需要了解如何正确起步、如何保住自己的本金和如何获利的交易新手。生活最大的乐趣莫过于帮助那些正在努力自助的人。

本书中，我将献出我40年经验的精华，我希望向他人展示在商品期货市场中自助的方式和要遵循的数学规则，因为这将产生赢利。我不相信赌博或盲目的投机，但是在多年的经验之后，我坚信，如果交易者愿意遵循交易规则，并依据确切的标志进行交易，投机将成为一种有利可图的职业。商品期货交易不像某些人想象的那样是一种赌博。如果依据商业原则行事的话，商品期货交易将是一门实际而安全的生意。

我将这本书奉献给大家，并真诚地相信：只要大家付出时间去研究，就一定会获得丰厚的回报。

W·D·江恩

目　　录

能从商品期货中赚钱吗

如果不是我的亲身经历使我彻底信服能够从商品期货交易中赚到钱，我就不会写作本书。我已经在这个行业中获得了成功，并且我知道，如果遵循交易规则的话，其他任何人都能获得成功。

为什么你能从商品期货交易中获得比股票交易更多的赢利

1. 商品期货遵循一种季节趋势，因而更容易预测。它们随供求关系而动。

2. 绘制商品期货的图表并进行计算需要做的工作少得多。在纽约股票交易所挂牌交易的股票有1200只，而且你想要预测多少只股票的趋势，就得单独绘制多少张图表；而对于棉花，你只需要1～3张图表；谷物和其他商品期货也是一样。

3. 当你对棉花或谷物进行了预测，如果你的预测是正确的，你就肯定能赢利，因为所有的期货合约都会跟随相同的趋势。在商品期货中不存在股市当中的分化运动——一些股票下跌到了新低，另一些股票却形成了新高。

4. 交易期货时，没有做多股票时沉重的利息费用，也没有做空股票时所需要支付的股息。

5. 突然通过或宣布的分红将影响股票的价格，这种情形在商品期货中不会发生。

6. 炒作集团不能像操纵股票一样操纵商品期货。

7. 和商品期货有关的事实都是众所周知的，但许多股票却始终是神秘股，而且有的股票还会受到一些虚假谣言的影响。

8. 相对于股票，商业周期所处的阶段对商品期货能够提供更多的价格信息。

9. 商品期货仅受供求关系支配，但股票却并非总是如此。

10. 商品期货投机比股票投机更合理，因为你交易的是必需品。

11. 商品会被消费掉，但股票不会，这使得商品期货价格很容易预测。

12. 与预测股票的价格相比，预测商品期货的顶部和底部具有更大的确定性。

13. 股票价格趋向于以股票板块的形式运动，而商品期货则单独运动。

14. 像阿莫尔、巴顿、利弗莫尔和E·A·克劳福德博士这样的著名投机者在具有长期的经验之后已经发现，他们从商品期货中赢利的把握性更大。

15. 股票可能会由清算管理人接手，也可能会退市；但商品期货会永远地运行下去。人们年年都会种植并收获庄稼。

16. 消费者总是会对商品期货有需求，但股票不是这样。

17. 自从《证券交易法》通过以来，股票的保证金要求比商品期货高得多。因此，用同样多的本金交易棉花、小麦、玉米、橡胶或其他商品期货，比交易股票更赚钱。

18. 当你学会了预测和交易商品期货的交易规则时，你会发现这些规则永远不会改变，因为每年都会有小麦、玉米和棉花作物生产出来。这些作物会被消费掉；但是股票会变化，因此你必须研究新的股票，以便跟上环境的变化。

知识就是力量

韦伯斯特说过："能为我师者，才是我想要认识的人。"所罗门王被誉为人类史上所出现过的最有智慧的人之一，他在万物中选择了知识和理解力。

"智慧为首，所以要得智慧。用你的一切所得去换聪明。"

——箴言 4—7

在商品期货交易中，成功与失败的差异就在于，一个人知道并遵循了固定的交易规则；而另一个人则依据猜测行事。进行猜测的人通常都会亏损。因此，如果你想要获得成功并获取赢利，你的目标就必须是懂得更多，不断地学习，永远不要认为自己已经知道了一切。我对股票和商品期货已经进行了40年的研究，但仍然没有对其全然了解。只要我活着，就希望年年都继续学习一些东西。观察，以及对以往市场运动的敏锐比较，将揭示商品期货未来的行为，因为未来不过是过去的重演。花在积累知识上的时间就是存在银行的资金。你可能会亏掉自己积累的或继承的所有钱财——如果你对照这些钱财一无所知的话——但是，有了知识，你就能投入一小笔资金并在花时间积累知识之后赚取更多。对商品期货的研究将带来丰厚的回报。

第一章　商品期货交易中获得成功的基础

如果你在小麦、玉米、棉花，或是其他任何商品期货交易中赔过钱，我就问你这样一个问题：“你是否曾经停止过交易，并思考自己为什么会赔钱?”假如你曾经这样做过，你诚实地回答必然是：你赔钱的原因就是因为依据自己的猜测做交易；或是听信经纪人的意见；以及听从了一些自认为比你更了解市场的人士的建议。你可能在利多消息贴现后买进，并在利空消息贴现的时候卖出。你没有根据任何明确的交易计划或是固定的交易规则进行交易；当你出错并出现亏损之后，你的下一次交易没有任何改进，而是延续老样子。因此总体来说，你在绝大多数时候是一个失败者。

导致你不能赢利的另外一个原因是因为你不承认自己会出错，因此在交易的时候没有进行自我保护。然而，无论是出错还是出现亏损，根源都在你自己，因为当你买进或是卖出的时候，你并不知道明确的交易规则。

你应当学习根据知识进行交易，而且要排除恐惧和希望。当你不再受到希望和恐惧的影响，并且有了知识的指导，你就会有勇气进行交易并获得赢利。当你研究一种商品期货过去的历史，要研究它运行的方式，以及它的循环周期，然后根据明确的知识进行交易，这样你获得成功的机会100%会更大。你必须学会依据事实进行交易并排除希望和恐惧的影响。你要学会用止损单保护自己的本金和赢利，随后你将会获得真正的赢利。当你在一笔交易中出错并且意识到自己的错误后，只有一种途径可以纠正这个错误，就是立即离场或是用止损单做保护，使你本金的损失被限制在很小的百分比范围内。你的**止损单**能够在很多方面保护你。当你买进一种商品期货，并且在距离买进价 1、2、3 或是 5 美分的距离设置了**止损单**，你就限制了自己的损失，而且还知道自己最大的亏损是多少。如果你买进或是卖出棉花、皮革、橡胶，或是任何一种商品期货，计价方式为多少美分每磅或是蒲式耳，止损价可以设置在距离买进价 20 或是 40 个点的位置，每个合约的风险就是 100 美元或是 200 美元，这样你就知道了自己最大的亏损究竟是多少了。你也就可以承受这些亏损，并且还有本金重新做交易。一份安全的交易计划要遵循一些交易规则，这是你能指望自己在未来获得成功的唯一途径。

能够给予你最大帮助的就是彻底了解商品期货过去的历史，你要用我在随后阐述的交易规则去研究它们在不同时间周期内的市场行为。如果你知道了一种商品期货过去的市场行为，你就更有把握判断它的未来。供给与需求决定了商品期货的价格，并且所有的买进与卖出都以价格的方式记录了下来。如果你能正确地研究价格运动，价格运动本身能比任何一个经纪人、报纸，甚至是所谓的“内幕信息”告诉你更多关于市场将会如何表现的信息。时间周期是最重要的因素，因为时间会告诉我们价格将会到达什么位置。

学会独立：向你展示如何自助将是我能给予你的最大帮助。无论是男人还是女人，如果依据他人的建议，或是内幕信息，以及其他人对商品期货的看法进行交易，他（她）将不可能在投机中获得成功；事实上，在任何领域都不可能获得成功。你必须学会独立。在交易中学交易，在学习和运用中掌握。当你遵循自己掌握的规律，自然就有勇气和信心去获得成功。

聪明人不会盲从他人的观点，除非他知道了他人观点的依据是什么。当一个人亲自查看并且理解，进而掌握了能够预测商品期货趋势的交易规则之后，他就会成为一名成功人士，因为知识会赋予他坚定执行的勇气。随后他就不会再说：“如果我能知道自己收到的关于小麦的信息是正确的话，我就会买进或是卖出 10 万蒲式耳。”当他通过研究，知道了小麦（趋势）的确切标志，随后就会有勇气满怀信心地买进，而不是依据希望和恐惧。

无论你是对哪个行业感兴趣，你都要竭尽所能地去了解这个行业。除了健康之外，金钱就是你最应该保护的东西。因此，要花时间去学习，并为亲手打理自己的金钱做好准备，在这一点上永远都不要彻底地依赖他人。

一份明确的计划：你要下决心为将来制订一份明确的计划。当你买进或是卖出商品期货的时候，要下决心遵循交易规则。

首先，你要亲自去验证我阐述的交易规则是有效的。这些在过去有效的交易规则必然在将来也会有效。在本书中阐述的交易规则都是实用的交易规则。这些规则是我花费了 40 年的时间与无数的金钱才掌握到的。我**确信**它们是有效的。请不要相信我的话，你要亲自去验证它们是有效的。你将不得不花费时间去学习，也不得不做出一些牺牲。但是，如果你不愿意付出努力与做出牺牲的话，在任何领域都不会获得成功。在过去的 40 年中，我每年都要研究并改进自己的交易方法。直到现在，我仍然在学习，并且希望能够在将来获得更大的发现。

长年的学习与研究之后，我简化并完善了我的交易规则，以方便其他人的实际应用。

我去掉了不必要的细节，这些删除工作能够使你更快获得结果。只要你严格坚持这些交易规则，你就能获得赢利。要下定决心。如果你不能遵循这些交易规则，请不要开始投机或是进行商品期货交易——否则，最后你会赔得一无所有。

知识带来成功：要开启通向大额赢利的门只有一把钥匙，这把钥匙就是**知识**。对于知识，你不可能不劳而获。我已经通过努力获得了成功，如果你足够努力地学习与研究，也一样能够从商品期货市场上获得大额的赢利。在商品期货交易或投机当中，要想找到通往财富的康庄大道，唯一的途径就是付出努力。金钱总是向知识靠拢。没有知识，金钱也毫无价值。当你获得了正确的知识，就能够进行明智的投资，增加自己的本金。

成功必须具备的先决条件

1. 知识

关于获取知识，我说得再多也不为过。不花时间去学习，你就不可能获得知识。在商品期货市场上，你不能去寻找简单快捷的赚钱方法。当你提前花费时间去学习并获得了知识，你就会发现赚钱其实很容易。你为了获取知识所花的时间越多，你之后所挣到的钱就越多。要想获利，光有知识还不够，你还必须将自己学到的东西运用到实际当中。这样你又可以从实践中学习。在正确的时间行动与执行可以带来赢利。

2. 耐心

这是在商品期货交易中取得成功的非常重要的先决条件之一。首先，你必须耐心等待机会，以便确定明确的买进点与卖出点。进行交易时，你必须耐心等待机会，以便正确离场或兑现利润。在平仓获利之前，你必须确定趋势发生了明确的变化，而这只有在对过去的市场运动进行了研究并获得了正确的知识之后才能做到。

3. 勇气

一个人即使拥有世界上最好的枪支，但是如果他没有扣动扳机的勇气，就永远也无法战胜任何一场游戏。你可以拥有世界上所有的知识，但是如果你没有买进或卖出的勇气，你就不可能获利。知识赋予交易者勇气，让他变得大胆，使他能够在正确的时间采取行动。若是交易者没能在正确的时间买进或卖出，他就会开始恐惧；而恐惧是一种不利的影响因素。当他过于有勇气时，他又会依据希望在顶部买进，这样他就是在猜测。如果一个人仅为希望所左右，他就不能指望获利了。

4. 良好的健康状况

除非身体健康，否则没有人能在任何行业当中取得巨大的成功，因为即使是精明的头脑也不可能在身体虚弱的情况下顺利运转。如果健康受到损坏，你就不会有良好的耐心或足够的勇气。当你健康状况不好，你就容易变得沮丧，失去希望，怀有过多的恐惧，这样你就不能够在正确的时间采取行动。

我已经在这个游戏里摸爬滚打很多年。未来的交易当中可能发生的任何事情我都已经经历过。我曾经从自己的亲身经历当中学习。我曾经试图在健康状况不好的情况下进行交易，最终都以失败告终；但是当我身体状况良好的时候，我就可以在正确的时间采取行动，并交易成功。如果你的健康状况不好，最重要的事情就是努力使自己的健康状况重新达到最佳状态，因为**健康就是财富**。

5. 本金

当然，当你已经具备了在商品期货中交易成功的所有其他先决条件，你还必须拥有本金。如果你已经具备了知识和耐心，就可以用小额的本金开始交易，并能获得巨额赢利。前提则是你要设置止损单；接受小额的亏损，并且不要过度交易。

记住，永远不要对抗趋势。在你确定了市场趋势之后，就要与趋势保持一致，不要管自己的想法、希望或恐惧，这样你就能获得成功。遵循用来判断趋势的交易规则，并且不要依据希望或猜测进行交易。

你应该知道的关于商品期货交易的事实

如何解读谷物或棉花期货的盘势。许多纽约和芝加哥两城市之外的人都认为，如果他们能够前往芝加哥，并能够在那里解读谷物期货的盘势；或是如果能够前往纽约，并能够在那里解读棉花期货或其他任何一种商品期货的盘势的话，他们就能获得巨大的成功。站在或坐在经纪公司里，并试图通过阅读自动报价机和盯住报价机上显示出的每一个报价来战胜市场，这是交易者所做的最愚蠢的并且也是最浪费时间的事情。但有些人却认为这就是从商品期货交易中获利的方法，他这是在犯下他一生当中最大的错误。我们当中曾尝试过这么做的人都知道这一点。盘势解读专家非常罕见。盘势解读是一种终身学习，并且当盘势确实显示出了市场趋势时，其间还存在如此多的小型变化和快速的逆转，以至于普通交易者根本无法判断是主要趋势已经掉头，还是只是小型的变化。这样的变化可能会持续几个小时、几天或是几个星期，之后主要趋势又会再一次重新开始。

不妨去问一问任何一个诚实的经纪人，那些成天待在经纪人公司紧盯盘势的交易者当中，获得成功的占多大比例。坦率的经纪人会告诉你，从几年的时间跨度来看，这些人当中98%都是亏损的。这不是经纪人的错，也不是这个行业的错。这都是交易者自找的。因为他试图取得成功，但却在以错误的交易方式进行交易，而且还不遵循交易规则。在经纪公司里你会听到太多的谣传，太多的个人观点，而没有任何人的心智能够强大到从不受这些的影响。你会听到太多的小道消息：你常常会听到交易大户正在买进或卖出的消息，但你不总是知道这些交易大户们是在买进做多，还是在回补空头，或者你甚至不知道他们的买进或卖出究竟意味着什么。如果轻易能够战胜商品期货市场或通过交易进行获利，那每个人不都成为了富翁。

记住，你必须为自己所得到的东西提前付出——你付出的就是时间和学习，而大多数情况下你耗在经纪公司里的时间都是被白白浪费掉的。在经纪公司里或自动报价机附近，有太多的干扰因素，太多的对立信息——总之太多能够让你犯错的东西。你若是坐在自己家里或办公室里，静静地跟随自己的图表，依据各种确切的标志进行交易，你会获得更大的成功。

我并不是在猜测，或是给你提供一个不着边际的理论。我已经经受磨炼，饱尝心酸。曾经在好多年里，我的办公室里各种自动报价机一应俱全。我曾经认为自己没有这些报价机不行。但是，在办公室里安装这些设备和错误的进场却让我亏损了大量的钱财，因为自动报价机显示的都是小型的趋势，并会导致我偏离自己已经判断出的主要趋势。当我把这些报价机全都清除出了我的办公室之后，我取得了更大的成功，并且过去 10 年来我的办公室里没有一台报价机。

因此，我建议你不要试图在经纪公司里学习解读盘势，也不要待在经纪公司里紧盯盘势。你不可能以这样的方式赚到钱。你要遵循我在随后所阐述的交易规则研究图表，然后你就会知道如何以一种精确的、科学的方法去解读盘势，这样你就会赢利，而不是亏损。

盘势是如何愚弄你的。盘势并不会愚弄交易者，是交易者自己愚弄了自己。因为当市场非常快速地运动，小麦、玉米、棉花或其他任何一种商品期货都正在快速上涨时，盘势就为那些过于密切注视市场的交易者创造了无限遐想。它会导致交易者变得过于乐观，抱有太多的希望，结果他常常恰好在某个特定运动的顶部买进。随后市场出现回调，在回调持续了几个小时或是几天之后，市场开始快速下跌，这时他原来的希望变成了恐惧，于是他开始以市价卖出，而此时常常是处在（市场的）底部。

当你对某一事物——特别是对盘势的关注过于密切，这就会使你的判断扭曲，导致你不会遵循交易规则或是根据明确的交易计划采取行动，而会根据希望或恐惧进行交易。密切注视盘势的交易者不可能不受希望和恐惧的影响。

假设某一交易者一整天都在盯着谷物或棉花的盘势，并且市场不断地上涨。随后在下午 2 点左右，市场突然开始急促下跌并在接近收市时变得更加疲软。这位正密切注视盘势的交易者就会认为市场看起来非常疲软，于是他就会卖出，或许还会反手进行卖空操作。事实上，（收市前）最后半小时或 15 分钟的下跌是场内交易员平仓的结果，他们通常都不会持仓过夜。由于他们不必支付佣金，因此场内交易员在最后 15 分钟或半小时的买进或卖出可能会导致市场看起来似乎出现了趋势上的变化，但其实主要趋势根本没有改变。第二天早上当买单进入，主要趋势立即向上。然而，这位前一天因为恐惧而卖出的交易者此时已经失去了自己的筹码，而且他可能会在市场已经上涨了很大幅度之后才会再次进场。

当市场一整天都在下跌时，也会发生类似的情形。（收市前）最后 15 分钟或半小时，场内交易员会平仓。其他的交易者则不想持有更多的期货（空头）头寸过夜，因此不愿意继续卖空。结果市场变淡或是卖方稀少，并在最后 15 分钟或半小时快速上涨。于是正在市场上放空的交易者本来与主要趋势保持一致，但却在此时回补空头并买进做多。第二天早上，市场重新开始了正常的进程，继续下跌。但是这位过于密切注视盘势的交易者已经犯下错误，退出了市场且错失了良机。

时刻注意自动报价机的交易者犯下的另外一个巨大的错误就是交易过于频繁。他一天进出市场好几次，并且每次都要支付佣金。如果他每次都以更高的价位买进或卖出——这种情况经常发生，他就会减少自己获利的机会。一年一共大约有 300 个交易日。假设某一交易者一年当中每天交易一次，那他一年就要交易 300 次。如果谷物交易的佣金以及每次买进卖出的费用为½美分，那他一年所支付的交易佣金和费用为150个点[①]。或者，假设他以同样的方式交易棉花，如果每次买进卖出的交易成本为10个点，那他一年所支付的佣金也差不多是150美元[②]。另一方面，假设某一交易者遵循交易规则，跟随趋势，一个月交易一次，并且这一次交易是成功的。那么他一年将支付12次佣金，而不是300次，这样他就把自己的交易成本从那些博取蝇头小利的交易者的150个点减少到了6个点。要想在任何一个行业当中取得成功，你都必须考虑成本问题。投机交易中的亏损和佣金都是成本的一部分。如果你的亏损或成本大于赢利，那么交易就不可能获利，其结果就是净亏损。

另外，一个交易者常常会忽略的事实就是，交易者进出市场的次数越多，他改变主意的次数就越多。因此，他犯错的几率也会增加。不管是在大型的牛市还是熊市当中，都会经常出现与主要趋势相反的逆向运动。我们可以从这样的运动当中获取，并且经常是快速获取一些大笔的赢利。但是，无论是每天抢进抢出，还是过于密切地注视自动报价机，都不可能让你抓住这些赢利。

你的交易必须有充分的理由，必须以过去已被证明成功的事实和交易规则为依据。依据希望或恐惧进行交易永远也不可能帮助你成功。如果那些数天、数周、数月都待在经纪公司的交易者们愿意花同样多的时间待在家中，或是自己的办公室中研究市场过去的表现，那么他们会取得成功并将发现这些时间都会在未来转变成赢利。

不要再浪费时间，并将这一点当成一条交易规则，因为时间就是金钱。花时间去研究（市场），你将因此获得很好的回报。

---

① 译注：150美元。

② 译注：在商品期货交易中，“点”通常是指一份合约最小的变动单位，根据商品的不同最小变动单位也不同。因此，读者在阅读时，要注意区分。

虚假的希望。当交易者在做多或做空市场并出现了亏损时，就会出于人性本能地希望市场会按照他的意愿发展，希望趋势会发生改变。这种想法大错特错。当市场刚开始朝对你不利的方向发展时，你应该面对事实。你应当查明自己是否错了以及为什么错了，并且不能丝毫受到希望和恐惧的影响。如果你存有疑惑，并且不知道市场是否正处于一种明确的趋势当中，那么立即离场，迅速止损。当一笔交易朝对你不利的方向发展时，满怀希望持股不动的结果永远只能是亏损。当市场朝对你不利的方向发展，延误是很危险的。现在采取行动比指望不确定的未来要好得多。当市场朝对你有利的方向运动时，才应该持股不动。

那些不必支付佣金的场内职业交易员经常一天之内多次买进卖出，以获取小额赢利，但他们同时也会迅速止损，从来不会让亏损越滚越大。

学会面对事实并消除希望和恐惧的影响。假设某一交易者在市场上交易失误，并且当天上午已经被要求追缴保证金。通常情况下，他首先应该做的就是结束该交易，而不是追加保证金，因为很可能是他判断失误。但是，这位交易者没有结束交易，而是持股不动，希望收市之前出现反弹。他对经纪人说，在收市之前，他要么追加保证金，要么离场。结果他等待了一整天，市场也没有出现反弹。收市前的最后 1 小时到了，他从希望变成了失望，最终在收市时卖出。在市场当中，这么做的交易者不止他一个。结果市场收市时就很疲软，并且接近底部。该交易者发现，如果他在当天上午第一次接到追缴保证金的通知时就离场，自己的状况会好很多。另一种情况正好相反，这位交易者做空，当天上午市场就开始上涨，但是这位交易者不愿意承认自己会在小麦或棉花交易上出错，因此没有立即离场。他等待市场出现回调，以便更好地回补空头并离场。但是，直到中午市场也没有出现回调，下午 1 点也没有出现回调，下午 2 点仍然没有出现回调。最后，在收市前的最后 1 小时，许多其他的空头都因为恐惧而开始回补，市场因此飞速上涨。结果，在接近收市时，所有的空头都被这样的上涨吓坏了，而这位一直等待市场出现回调以离场的交易者则不得不在顶部回补其空头头寸。在很多情况下，这都会导致市场处于一种弱势的技术形态。第二天回调出现了，但这对于这位依据希望或恐惧进行交易的交易者来说已经于事无补了。

一位成功的交易者会研究人性，并与一般公众的行为相反。在谷物、棉花或其他任何一种商品期货下跌的第一天，普通交易者不会担心。他认为这只是一次回调，市场第二天就会反弹。但是，如果市场第二天、第三天继续下跌，他又会认为市场肯定已经跌得够低了，就要出现反弹了。假如市场真的处于熊市，主要趋势向下，那么反弹就不会出现。市场可能会持续下跌7～10 天。这时候，人类的心智导致该交易者再也无法忍受压力，他不再认为市场还会出现反弹，于是开始卖出。该交易者很可能恰好是在这轮7～10 天的下跌的底部卖出了。他不会在市场开始下跌并表明有什么地方出了错的第一天卖出，他也不会在第二天或第三天卖出。因此，在市场已经连续下跌了 7～10 天之后，他才开始确信趋势已经改变，于是他开始恐惧并卖出。他再一次地依据恐惧，而不是依据事实或遵循明确的交易规则来进行交易。

市场上涨或下跌的时间越长，尤其是当主要趋势连续几个星期或几个月向上时，它就变得越强势，最后阶段的调整幅度也会越小，因为在这种最后阶段，希望已经彻底将失望去除。当市场正在持续上涨时，希望和乐观主义都膨胀到了极限，人们的买进不再是依据合理的判断，而是依据希望。公众就是这样交易的。要想成功，你必须遵循交易规则，而且交易时要与一般公众的交易方向相反。

商品期货市场贴现未来事件

一般情况下，农作物报告或重大的事件通常都被市场贴现了，除非有非常突然且意料之外的事情发生。因此，那些根据各种事件而不是根据这些事件的起因进行交易的交易者几乎总是错的。

在一份强烈看涨的农作物报告发布之后，市场通常已经见顶了；当一份相当利空的农作物报告发布时，市场通常已经见底了。

你可以通过绘制图表并研究这些图表来确定所有这些和趋势所处的状态。用这样的方式，你就能知道一轮明确的趋势何时开始，你应该何时根据利多消息买进，何时根据利空消息卖出。一般来说，在利空消息发布时买进，在利多消息发布时卖出，你就能赚到更多的钱。然而，在疯狂的、像脱缰野马一样失控的市场当中，当趋势强劲上扬时，市场趋势就会继续向上，并且市场会在利多消息的刺激下继续上涨，直到每一个人都过度买进。这之后利多消息就不能再推动市场上涨了。市场第一次没能在利多消息的刺激下上涨时，就表明有什么地方出了问题，你应当离场。你始终要顺着自己的图表找寻确切的（趋势变化的）标志。当市场下跌了很长一段时间时，也适用同样的规则。当一份强烈看跌的农作物报告或一条非常不利的利空消息发布之时，若是价格没有相应地下跌，就说明有什么地方出了问题。某些内部人士知道价格已经足够低了，因此他们正在买进并支撑市场。毕竟，是供需问题决定了市场何时见顶或见底。你的座右铭应该是：依据交易规则进行交易，遵循明确的交易计划，不要过早地下结论，也不要依据利多消息或利空消息进场或离场，除非交易规则告诉你趋势即将改变。

人性——最大的弱点

获利时，交易者便会沾沾自喜，认为自己判断力很好，获利全是靠自己的智慧。但遭受损失时，他的态度就会截然不同了。此时他很少会归咎于自己，也很少会尽力找出亏损的原因。他会替自己找各种借口和理由，比如说是发生了意外，要是他当初没有听信别人的意见已经赚到钱了。他找出了很多的“如果”、“还有”，以及“但是”，认为这些都不是他自己的错。这就是为什么他还会再次犯错并遭受损失的原因。

投资者和交易者必须找出自己的解决办法，从自己而不是他人身上找到亏损的原因，因为除非这样做，否则他永远无法改正自己的缺点。毕竟是他自己的行为造成的损失，因为买进或是卖出的都是他自己。你必须寻找自身的问题并加以改正，这样你便能获得成功；而还是以前的老样子，你是无法获得成功的。

交易者遭受损失的一个主要原因就是他们不自己思考，总是让别人替自己思考并给出意见。而这些人的建议和判断实际上并不比他们自己的好。为了交易成功，你必须自己进行研究和调查。除非你从一个小羔羊转变成寻觅知识的思考者，否则你将重蹈所有老羊的覆辙——躺在保证金催缴者的斧刃下任人宰割。自助者才有人相助，或者有人指点你怎样才能自助。

我能为你提供世界上最好的交易规则，以及判断一种商品的强弱形态最好的方法，但即使这样你还是可能会因为人的因素输掉账户上的钱，人性是你最大的弱点。你不会遵循交易规则，你会仅凭希望和恐惧而不是事实来行动；你会犹豫延迟；你会失去耐心；你会仓促行动或是延误时机；你会因为自身人性的弱点而自欺欺人，把失败归咎于市场。永远记住，赔钱是你的错误，并不是市场本身，也不是市场操纵者的行为导致了你的亏损。因此，要么遵循交易规则，要么远离投机，否则你注定要失败。

只要你愿意研究人性的弱点，明白这些凡人有多愚蠢，你就会发现，理解了人性的弱点，并与公众反着做，也就是进行与其他人相反的操作，你就能轻松获利。换句话说，你可以凭借知识在接近底部的价位买进，在接近顶部的价位卖出，而其他仅靠猜测的交易者与你做的刚好相反。你研究价格、时间和过去的市场运动所花费的时间将给予你丰厚的回报。

为什么要进行价格记录

你应该绘制图表并对过去的市场运动进行记录，因为你的记忆是非常有限的。

通过研究过去的历史，并知道了未来不过是过去的重复，你便能根据时间和条件找出原因。有时，为了找出原因，你需要追溯到很久以前，因为你必须研究战争、战争的影响，以及战前和战后的情况。

普通交易者的记忆都太短暂了。他只能记住自己想要记住的或是自己希望和恐惧的东西。他太过于依赖他人，不会自己独立思考。因此，他应该对过去的市场运动做一下记录、绘制图表或是进行图形化的描述，以便提醒自己过去所发生过的可能并且也会在将来发生。因此他不应该允许自己的狂热凌驾于自己的判断之上，也不应该因为希望而买进，认为恐慌永远不会再出现。只要世界还存在，恐慌就会再出现，并且随后也还会出现牛市，这就像潮起潮落一样确定无疑，因为人的天性就是把每一件事都做过头。当他满怀希望并非常乐观时，会走向一个极端；当他受到恐惧的控制时，又会走向另外一个极端。

1929 年，交易者们犯下了卖出太早或是买进太迟的错误。如果交易者绘制了各种商品期货的图表，这些错误本来是可以避免的。因为如果绘制了图表，他们可能已经看出这些商品期货一直在形成更高的底部和顶部，尤其是那些处于强势形态的商品期货，他们本不应该卖空这些期货的。若是解读正确，图表会显示出每一种商品期货都将继续呈上涨趋势；交易者若是正确解读了图表并跟随趋势操作，就不会犯错。因为希望或恐惧而买进或卖出是最糟糕的事情。每一个交易者在进行交易时都应当有充分可靠的理由，并且一定要预想到自己可能会犯错，因此他应当设置止损单，以便在发现自己已经出错时保护自己。

始终要查看一下你打算交易的商品期货过去的表现，并且在进行交易之前获得它的记录①。如果该期货不久之前或是几年以前曾出现过大的运动，并且现在看起来正处于一个狭窄的交易区间，也是就我所说的横向运动，那么在它表现出某种明确的运动之前先别碰它。如果该期货曾在过去的某一轮牛市行情当中领涨，或是在某一轮熊市行情当中领跌，那么它可能就不会再在下一轮行情当中领涨或领跌，除非图表明确显示该期货即将在一轮上涨当中领涨或是在一轮下跌当中领跌。

仔细研究每一种商品期货并观察它们在反弹和回调时的表现，这样你便能判断出它们是否正处于稍后将重新开始的牛市行情的某个阶段，或者是否正处于到达底部之前将经历 3～4 个阶段的熊市行情当中。查看一下自己的图表，你便会发现，每一种商品期货刚开始进入下跌趋势时，都会经历 3～4 个阶段。

第一，它会出现一轮陡直的下跌；第二，反弹并派发；第三，出现另一轮下跌，这样第二阶段的下跌就结束了；第四，再次反弹并遭遇卖盘；第五，出现另一轮下跌，这样第三阶段的下跌就结束了；第六，再次反弹并犹豫不决；第七，出现最后的大幅崩跌或是我们所说的“空头陷阱”②，此时投资者、交易者，甚至是每一个人，都开始恐惧，并断定商品期货市场将再也不会上涨了，因此他们全部卖出。这种最终的“空头陷阱”

---

① 译注：这里的“记录”主要是指商品期货过去运动中的关键点，如阶段性的底部、顶部，以及对应的时间周期。

② 译注：clean-out，彻底清洗，对应下跌趋势中的最后一段下跌，也就是空头陷阱。

出现之时，就是（多头）买进并作为长期投资[①]，以等待下一次牛市行情到来的好时机。

很多年所挣的赢利可能在一轮运行5～7个星期的下跌当中就亏掉了，就像E·A·克劳福德（E. A. Crawford）博士在1933年7月的下跌中失败一样。交易者之所以会亏掉自己积累了很长一段时间的赢利，是因为他没有设置止损单来进行自我保护。对交易者来说，**止损单**是一种非常好的保护措施，因为它可以自动发挥作用。交易者自己心目中可能会有一个止损价，但当股价到达这个价位时，他却不会卖出。交易者习惯了出现5～12个点或5～12美分每蒲式耳的正常回调的"正常"市场。他们认为，若是出现了大的下跌并且小麦期货已经下跌了10～20美分，那么它就已经跌得够低了，于是他们也就不再担心了。然而，随后小麦期货却像它在1929年一样继续下跌；在当时的恐慌期间，商品期货市场下跌了50～100美分每蒲式耳。在这种情况下，除非交易者设置了**止损单**或是看出商品期货开始下跌时便立即以市价卖出，否则他根本没有机会能带着自己的赢利或是本金离场。

与时俱进。就像在别的任何事情上都可能墨守成规一样，人们也可能在交易上墨守成规。我所说的与时俱进，指的是通过研究图表和过去的记录来确定市场是正常还是异常。当处在战争时期，你可以通过研究过去的各个战争时期来确定商品期货市场将如何表现。在和平之后，当市场属于正常市场时，你也要知道商品期货市场会如何表现。一定要不断进步。不要认为战争结束之后价格的波动区间还会和战争爆发之前一样。不要在每种商品都供应充足时就认为将出现一轮大型牛市。当任何一种商品的供应稀少时，即使其价格处在相对较高的水平，如果你的图表显示趋势向上，你也应当在这个方向上跟随趋势，并预计即将出现一轮牛市。

---

① 译注：等同于长线建仓。

始终要不断进步。不要固守旧的观点或理论。学会跟随趋势，无论你自己希望什么，认为什么，或是统计数据说明什么。这样你就能赚到钱，因为你将与市场趋势保持一致，而不是对抗趋势。

最好的交易方式：最赚钱的是摆动交易，也就是长线交易。方法就是只要趋势向上或向下，就跟随这种明确的趋势。但是你必须按照交易规则学会等待，一直等到市场走出酝酿期或离开某个交易区间。在你建立长线头寸之前，应当等待市场将走高或走低的确切标志。始终要设想**自己可能会出错**，市场可能会反转。因此，要么用**止损单**一路跟踪你上涨的赢利，要么在你获得市场已经到达反转点和趋势正在改变的确切标志时离场。

何时置身场外：这是每个人都有必要知道的事情。你不可能通过每天在市场上交易或者说每天进出市场来赚钱。有些时候你应当置身场外，**观察并等待**，直到你确定了**明确的趋势变化**。长时间的休息和放松不但可以保障你的健康，而且有助于你的判断，并为你带来赢利。对市场运动进行研究之后，你就会确信市场也有它的休息期。在牛市当中，市场常常会有一段休息期。此时其回调幅度不会很大，但是要经过相当长一段时间，上涨运动才会重新开始。在熊市当中也是如此。一种商品期货通常会先下跌、止跌，然后在一个相对狭窄的区间内上下运动。此时它不会出现大幅度的上涨，而只是维持、犹豫和休整的状态，并为下一轮的下跌运动做准备。在这种狭窄交易的市场时期，你可以通过置身场外并等待出现趋势的确切标志来赚钱。一旦你置身场外，就能够站在一个无偏的立场上来判断市场，并（在头脑中）形成一幅关于未来市场进程的清晰画面。但是，当你处在市场当中时，经常都会被自己的希望和恐惧所影响，因为你想要看到市场朝对你有利的方向发展。当你置身场外时，就会看到市场本来的面目，而且不管市场向哪个方向发展，对你来说都一样，因为你已经准备好在趋势发生改变时与趋势保持一致。

当商品期货与你背道而驰时怎么办：当你在进行交易且这笔交易与你背道而驰时，你应该立即查明什么地方出了问题并止损。如果你发现自己犯了错误，买进或卖出时违背了趋势，那就没有必要再满怀希望地持有不放。正确的做法是离场，**停止你的损失**。然后你的判断就会清晰，你就能以更好的方式进行新的交易，而且正确的机会也会更大。继续持有一笔正在亏损的交易对你绝对没有好处。

当你出现一系列的亏损时怎么办：当你进行了 1～3 笔交易都出现了亏损，不管这些亏损是大是小，都说明你自身出了什么问题，而不是市场出了问题。可能是你自身的趋势已经改变。按照我的交易规则，此时你应当离场并等待，同时研究你亏损的原因。记住，置身场外，你就绝不会亏损。你所能做的最糟糕的事情莫过于继续持有一笔正在亏损的交易。一般来说，这笔交易都会继续与你背道而驰，因此你越快认赔越好。你要顺着主要趋势进行交易。在牛市当中卖空毫无益处，因为你正在对抗趋势并且可能错过顶部。在熊市当中买进也毫无益处，这也是因为你正在对抗趋势并且可能错过底部以及遭受损失。一般来说，当你买进或卖出谷物期货时，若是该期货已经使你损失 3～5 美分，就说明你错了，因而你最好离场。如果你不能把损失控制在顶部或底部的 3～5 美分内，也说明你错了，而且该期货可能会使你损失 15～20 美分。交易棉花期货时也是一样。如果你不能把损失控制在顶部或底部的 40～50 美分内，就说明你错了，因而你最好认赔并离场。记住，市场经常会在你不知道的情况下进入一种异常的、像脱缰野马一样失控的状态，而且趋势可能会发生彻底的改变。如果你违背了趋势，并且卷入了这种疯狂的上涨或下跌当中，你又怎么能期待自己的交易获利呢？小麦、棉花或其他商品期货所出现的快速上涨和急促下跌通常都会持续 6～7 个星期，有时会持续好几个月，而且期间不会出现太多的相反运动。因此，你若是卷入了这样的异常运动当中并且对抗趋势，你就注定会失败，而且会赔掉你能缴纳的所有保证金。

研究图表，并使你自己确信我对你所说的都是真话。回顾我已经给你的指点和交易规则，看看那些上涨的市场走了多远，而其间那些回调的幅度又有多小；再看看那些下跌的市场走了多远，而其间那些反弹的力度又有多小。然后问你自己这样一个问题："如果我卷入了这种疯狂的、像脱缰野马一样失控的运动当中，且市场开始与我背道而驰，那么我可能会损失多少钱?"你若是诚实地回答你自己，你就会说："我可能会赔掉我缴纳的所有保证金。"因此，正确的做法是在这样的运动当中与趋势保持一致。当你发现自己错了时，如果你是在做空，就要反过来买进；如果你是在做多，而趋势反转的话，就要反过来卖空。能赚到钱的是与趋势保持一致，而不是对抗趋势。

能够预期的赢利应该是多少：许多交易者都犯下了期待从正常市场中获取过高赢利的错误。他们所希望的比他们得到的更多。我建议跟随趋势，并判断自己是处在战争市场、异常市场，或仅仅是正常交易的市场当中。不要去想过高的赢利，而要在你正确时在赢利增加的过程中一路跟进并保护自己的赢利，同时要在趋势变化时而不是变化前离场。介入到商品期货交易或投机当中的普通交易者都期待自己的资金能够获得过高的赢利。他们期待在几天之内、几周之内或是几个月之内让自己的资金翻倍。这有时能够做到，但这样的机会非常罕见。那些第一次交易就期待大额赢利的交易者们通常都会赔掉他们投入的全部资金。

通向成功的途径是为自己确立交易规则，以便当你以一定金额的本金开始交易时，绝不会亏本，这样几年之后你便会获得高于平均资金回报率的收益。你是否曾经停下来计算过，在20年里每年获利25%意味着什么？假设你以1000美元的本金起步，年利率为25%，10年之后就是9313.25美元。本金为10000美元，年利率为25%，10年之后就是93132.17美元。由此可见，只要你保守一点儿，不要期待过高，那么要在适当的一段时间内积累一笔不大不小的财富是非常容易的。绝大多数的交易者都太贪婪了。他们想在非常短暂的一段时间内变得富有，因而他们会**过度交易**。结果他们亏掉了自己的本金，却归咎于芝加哥期货交易所（Chicago Board of Trade）、华尔街或是其他人。问题就在于，他们自己愚弄了自己，他们不是在进行保守的投资或投机交易，而是在赌博。

你要学会**限制自己的风险**。不要期待在正常的市场当中获得不正常的赢利。这样，你成功的机会便会大大增加。

收到追缴保证金的通知怎么办：当你买进或卖出某种商品期货时，会缴纳一定金额的资金作为经纪人所要求的保证金。如果后来你被要求追加保证金，就证明你错了，市场正与你背道而驰。如果你缴纳了10美分每蒲式耳的保证金，而市场已经与你反方向运动了6～7美分，那你就已经错了这么多，而且你极有可能会损失6～7美分，甚至20美分。为什么要继续持有一笔正在亏损的交易呢？回复追加保证金通知的方式就是卖出。弄清楚自己错在哪儿，并按照明确的交易规则进行下一次交易，这样你就不必再追加保证金了。

联合账户：如果能够尽可能避免的话，永远不要与别人合伙持有一个联合账户或是合伙交易。当两个人共同开立一个账户时，他们可能在选择正确时机买进时意见一致；但是，等到了卖出时，他们就很少能够意见一致。其中一个人愿意卖出兑现一定金额的赢利，而另一个人则拒绝卖出。这样到了该平仓的时候问题就来了。结果，愿意卖出的人就会违背自己更好的判断而继续持有，因为他的伙伴想要继续持有。最终趋势与他们背道而驰，这位伙伴认为是时候卖出了，因为他开始恐惧，此时另外一个人也同意卖出，最后他们亏损离场。

你必须学会独立操作，不受他人观点的影响。当你准备好采取行动时，一定要让自己处于这样一种状态，即一旦你认为**采取行动的时机**已到，就没有任何人能说服或影响你。我认为，两个人共同持有一个交易账户时，成功的唯一方法就是：一个人负责买进和卖出，另一个人则只负责设置止损单。如果负责买卖的人错了，止损单会保护他，损失就会很小。一旦这个人做对了并让利润不断累积，那么他就会赚到钱，但其伙伴要负责在上涨或下跌的过程中用止损单一路跟进，以便保护赢利。我曾见过两个人以这样的方式合作成功，因为他们其中一个在买进或卖出一种商品期货时不会设置止损单，而另外一个知道存在风险隐患的就负责保护他们。另外的这个人会设置止损单，以便保护两个人。前一个负责操作的人，在有了大笔赢利后自然不会在上涨或下跌过程中用止损单跟进。但其伙伴正在关注交易，知道他们只能指望已经用止损单进行保护的赢利额，因此他设置了止损单。

为赢利而继续持仓的时限：你进行一次交易时，一定是根据很好的交易规则，一定有充分的理由，而且也一定有能在一个合理的时间段内获利的可能性。但是要记住一件事，即你进行交易时可能会犯错，这笔交易可能会与你背道而驰。因此，你必须止损。当一种商品期货并没有与你背道而驰时，你也可能是错误的。也就是说，它可能在一个狭窄的交易区间内停留很长一段时间。因此，当商品期货显示它不会再继续运动时，你就应当准备离场。

我能为你提供的最好的交易规则就是，始终要在进行交易之前确定你已经发现运动正在进行的确切标志。这样，你便可以期待能在一个合理的时间段内获利。如果市场正处于一轮长期的牛市行情或熊市行情，我建议只要市场显示趋势正朝着对你有利的方向运动，你就要紧跟市场。如果你介入到了死气沉沉的市场当中，就会失去耐心，同时也会损失你的资金利息，这就相当于实际损失。如果你带着这笔钱离场，当快速运动出现时，你还能抓住新的机会并在短期内赚到更多的钱。

记住，你经常能通过置身场外并等待机会来赚钱。持有一种商品期货的时限取决于你所处的多空地位和你图表上的指示。

交易者从未听说过的关于卖空的真相：许多人都是天生的

多头。他们总是想在自己卖出之前先买进。当你告诉他们应该卖空某种商品期货时，他们就会开始告诉你市场可能会如何被轧空。如果他们查阅了交易记录，就会发现一种商品期货平均至少每15～20年才会出现一次轧空。因此，介入一种商品期货，然后被轧空并失去全部财富的可能性非常小。如果你跟踪市场、研究市场，并遵循**与趋势保持一致**的交易规则，那么当一种商品期货被囤积时，你会站在多头一方而不是空头的位置。

始终要通过研究过去的历史来了解事实，不要不敢卖空。在趋势掉头向下之后，做空和做多一样能够获得同样多的赢利，而且事实上做空能够更快速地获利。绝大多数的新闻撰稿人都不鼓励卖空，而且政府通常也排斥卖空。为什么会这样呢？问题就在于，想要影响公众，以便促使公众跟随他们并投票给他们的政客们，总是不得不谴责一些事并为之设置障碍。因此，政客们总是在谴责华尔街、芝加哥期货交易所等等，试图促使公众相信股票交易所和期货交易所竭尽全力地对交易者不利，而不是告诉交易者真相，说股票交易所和期货交易所完全不应该为交易者的亏损负责。

世界上任何一个地方的任何一个行业的从业人员都没有本国期货交易所的会员们值得尊敬。交易者得到的是公平交易。期货交易所的管理人员没有操纵市场，不应该为交易者因为自己的无知而犯下的错误负责。但是，政客们必须掩盖自己的错误，因而总是指责别人。事实上，他们总是要反对某些东西。

跟随市场趋势。在熊市当中做空要与在牛市当中做多有同样的意愿，既不要成为习惯性的多头，也不要成为习惯性的空头。当你介入商品期货交易时，把自己的目标设置为赚钱，而不必偏爱做多还是做空。学会**跟随趋势**，这样你就会取得成功。

什么导致繁荣和战争

历史证明，战争每隔20～25年爆发一次。历史还证明，几乎每一个国家都会每隔 20～25 年出现一次大的**投机潮**和某种**繁荣**。为什么这些**战争时期**和**繁荣时期**会以这种规律性的周期或时间间隔出现呢？这主要是因为**人性永远不变**。每 20 年就会出现新的一代人。他们满怀希望、乐观向上，而且积极进取、紧跟时代。同时他们缺乏经验。他们对战争和战争所带来的苦难一无所知，因为他们从来没有参与其中。他们渴望参与到战争当中。那些政客们要诱导这些年轻人去参加战争简直轻而易举，但他们却很难促使那些已经有过痛苦的经历和遭遇的老家伙们去参加战争。他们不再需要战争。年轻人容易冲动，随时准备竞赛和战斗。

商品期货市场也是一样。年轻一代或是继承了财产，或是自己挣了钱，因而想要碰碰运气。赌博、碰运气和不怕危险是年轻人的本性。因此，年轻一代急切地渴望在投机中一试身手。当他们介入到一轮**像脱缰野马一样失控的牛市**当中，唯一的感觉就是不断地**买进**。他们把谨慎抛在脑后。这种不断增强的买盘力量促使商品期货上涨到**供求关系无法支撑的高度**。结果当这种繁荣一结束，年轻一代就会遭受严重的**损失**，并因此受到难忘的教训，之后就不会那么渴望再次尝试了。

就像年轻一代会不断出现那样，我们也会继续有**商业的繁荣**、**股市和商品期货市场的繁荣**、**房地产的繁荣**以及其他疯狂的投机潮。年轻人不得不投入其中，因为青春的本性就是跃跃欲试。因此，历史会重演，因为**人性不会变**，将来的每一代人都不得不经历前一代人经历过的相同经历。

买进或卖出得太早或太迟：你可能看对趋势，但仍然可能买进太迟或卖出太早，并因此而赔钱。你可能会等到市场已经出现过一轮陡直的上涨之后再买进，并且你知道趋势是向上的。如果市场已经经历了足够的上涨，必定会出现回调。当回调恰好出现在你买进之后，如果你失去了胆量，失去了勇气，变得悲观，并平仓卖出，那么你就退出了市场。在这之后，上涨运动又会重新开始。

你经常会过早地卖出多头头寸或是进行卖空操作，原因就在于市场已经出现过一轮大幅上涨，并且看起来似乎足够高了。你希望市场确实已经上涨到足够高了，但希望永远不会让你获利。你必须**面对事实**，等待趋势的明确转变。如果你过早卖空或是卖出多头头寸而与市场背道而驰时，你通常都会犯下这样的错误，即稍后会恰恰在市场到达**顶部**时买回并遭受损失。

跟随趋势：当各种迹象表明市场趋势向上或向下时再进行交易。不要等待太久。记住，**延误是危险的**。离场时延误太久会导致巨大的亏损；进场时延误太久则会导致你错过赢利。学会**采取行动**，并且只要你的操作**与主要趋势保持一致**，就要**在正确的时间快速地采取行动**。

交易者不想知道的事情：怀着对读者应有的尊重，我要说，身处市场中时，许多交易者都不想知道事实，或者说不想知道真相。他们希望市场会按照他们的意愿发展。他们想要市场按照他们的意愿发展并且还想别人告诉他们市场会按照他们的意愿发展。当你处在市场中时，你应当不带偏见，并且尽力判断自己是处在正确的一方还是错误的一方。当你发现自己处在错误的一方时，应该立即承认错误并离场。你的古老规则是，存有疑惑时就离开市场。当你继续持有仅仅是因为希望时，就要立即以市价卖出。不要去找那个会劝告你，说你的多空地位是正确的并且市场很快就会开始朝对你有利的方向发展的人；要去找那个会告诉你真相并证明给你看的人。更好的选择是，学会如何亲自证明自己是对是错。面对事实，承认事实。改变自己的立场；改变自己的观念。随趋势改变，你就会获利。

当一个人的趋势改变：如果你正在做交易，而且很长一段时间以来一直很成功，也就是说已经连续几个星期、几个月，甚至是几年交易成功并获利，那么就像市场会变化一样，你的运气（如果你要称之为运气的话）或者说趋势也有变化的时候。当你的趋势改变时，它可能会连续几个星期或几个月与你背道而驰。确定你的趋势何时改变的方法就是：如果你进行的交易出现了亏损，那么退出市场；然后如果你的第二次甚至是第三次交易仍然出现亏损，那就说明出了问题。你的趋势已经改变了，你最好退出市场。接下来你应该做的就是观察、等待并研究市场。当你认为自己发现了确切的标志时，就可以再一次进行交易。如果这次交易朝着对你有利的方向运动，并且出现了赢利，那就说明你的趋势又在朝着对你有利的方向发展，因而你应该继续交易。当你进行第四次或第五次交易时，若是出现了亏损，那么不管亏损大小，都说明出了问题，因而你最好离场。此时你应该照顾好自己的身体并留意下一次机会。你之所以会出错，可能是因为你累了，也可能是因为你遇到了什么麻烦或困扰。你判断不好，你无法正确预见市场将如何变动。假如是这样，你能做的事情只有一件——离场、等待并好好休息。

希望与恐惧：在我所有的著作当中，我都经常写到这一点，而且我认为关于这一点我怎么重复都不过分。普通的交易者买进商品期货，是因为他们希望这些商品期货会上涨，或是因为有人告诉他们这些商品期货会上涨。这么做是最危险的。永远不要依据希望进行交易。一厢情愿的希望所摧毁的人比任何东西所摧毁的人都多。只有研究市场并判断趋势，面对事实并在你进行交易时依据事实交易，消除希望，才能盈利。

恐惧导致许多损失。人们卖出商品期货，是因为他们认为这些商品期货即将下跌，但他们却经常等到下跌已经结束时在接近底部的位置卖出。同时，他们经常在已经离场一段时间之后，因为担心商品期货的价格上涨而再次进场。永远不要依据恐惧进行交易。《圣经》说：“你们必晓得真理，真理必叫你们得以自由。”知道事实，了解真相。你若是做到了这一点，就不会再抱有希望和恐惧，就会依据明确的交易规则交易，也会跟随趋势并获利。

正常市场与异常市场：通过研究过去的历史以及研究战争时期，你可以了解市场何时在一个正常的区间内运动，何时在一个异常的区间内运动。一般而言，在战争期间，市场都会在异常的区间内运动。然而，截止到撰写本书的1941年10月1日，这场战争还是个例外，因为在这场战争期间，小麦和其他一些商品期货还没有出现异常运动。

出现这种现象的原因在于，所有的国家都已经储备了大量的谷物以备战，而且谷物的产量已经增加。英国大部分的谷物都购自加拿大。美国的小麦供应一直在增加，而且由于政府的管控，我们的价格一直高于世界价格40～50美分，结果我们丧失了绝大部分的对外贸易。

大豆已经出现了一轮异常运动，或者说常见的战时运动，这起因于大豆使用量的增加。事实上，大豆的主要供应来自美国。不要忽略这样一个事实，即任何一种商品的价格高到每一个人都能从中获利时，其产量都会增加，从而导致价格会再次下跌。总有一天，政府再也不能控制农作物的产量，此时价格不只会下跌到正常水平，而且会低于正常水平。当产量过剩时，农作物的价格总是会下跌。无论战争结束之后，抑或和平到来之后出现轻度的繁荣还是高度的景气，商品都可能会有多年的低价期。

研究过去战争之后的市场运动，你便就能知道其未来的运动会是正常的还是异常的。应用我为你提供的所有交易规则，这些规则将在不同类型的市场当中给予你帮助。

对冲交易：许多交易者认为，如果他们在某种商品期货交易当中出错，该商品期货开始下跌时，他们可以通过对冲来保护自己。即通过卖空其他某种商品期货，来弥补他们已经买进的商品期货所出现的损失。然而，没有比这更严重的错误了。对冲的结果常常是交易者同时在两笔交易上出现亏损。如果你在市场当中出错了，而且不知道该怎么办，那么你应该做的事情只有一件，那就是离场并等待，直到你知道出现了明确的趋势。

一位交易者可能会卖空5月小麦，而它却与他背道而驰。于是，这位交易者决定（多头）买进12月小麦进行对冲。这种对冲的最终结果通常都是，他再次犯下严重的错误。当他同时卖空 5 月小麦和做多 12 月小麦时，如果市场下跌，他自然会在 5 月小麦上获利，于是他回补空头并兑现利润；同时继续持有 12 月小麦的多头头寸。接下来趋势可能会明确向下，而且持续下跌[①]。结果是，对冲不过是增加了他的损失而已。对冲永远都是不可取的，因为对冲是（多头）买进一种商品期货的同时，（空头）卖出同一种商品期货的另一种合约。对冲没有好处，你必须避免对冲交易。（如果你出错了）就应该退出市场，并等到你能够判断趋势时再买进或是卖出，而不是进行任何的对冲交易。

正常的或一般性的上涨或下跌：正常或一般性的运动取决于商品期货所处的价位和时间周期。小麦、玉米或其他谷物类商品期货可能会上涨一段时间，但期间出现的都只是 5～6 美分每蒲式耳的正常回调。当这些商品期货上涨到更高的价位时，可能会回调10～12 美分每蒲式耳。之后，回调 15～20 美分每蒲式耳。如果是在一轮长期的牛市中，此时主要趋势可能仍然向上。当市场正在下跌时，情形也一样。小麦可能会反弹 5～6 美分每蒲式耳。当下跌的几个阶段已经走完时，可能会发生 10～12美分每蒲式耳的反弹。当出现幅度大于 15～20 美分的上涨或下跌时，就是市场正从正常运动转变为异常运动的一个信号，此时你应该关注你的图表并与趋势保持一致。

若把相同的交易规则运用到棉花或其他任何一种商品期货中，要注意回调点的出现。

缓慢爬升的市场：在牛市的早期阶段，小麦、棉花或其他任何一种商品期货通常都会上涨得非常缓慢，期间会出现一些小幅的回调和反弹，但会逐渐走高。在很长一段时间之后，缓慢爬升的市场会开始一轮最后的像脱缰野马一样失控的运动，或是我们所说的最后的冲刺，这时市场飞速上涨，期间的回调

① 译注：根据这次对冲交易的逻辑分析，原文的表述相反了，因此译者做了修正。

幅度很小。人们经常会被愚弄，在一轮缓慢爬升的市场中卖空，因为市场不断出现回调，因此人们期待从中获利。最终，当市场进入一轮像脱缰野马一样失控的运动时，他们属于空头，而且满怀希望地持有不动，认为市场一定会重新开始“正常的运动”。结果是，他们遭受了巨大的损失。当市场正处在一个狭窄的交易区间内并正在缓慢下跌时，也是一样的。市场会下跌得非常缓慢，在很长一段时间内都出现适度的反弹。最终，市场出现毫无抵抗的崩跌。这样，那些没有注意自己头寸的交易者就会被套住，因为当市场从**缓慢爬升的熊市**转变为像脱缰野马一样失控的运动时，这些交易者会遭受重大的损失。

公众偏爱的交易价格

大多数时候，人们的想法都是一样的，因为人性不变。人们习惯了某些数字，因此便会在这样的价格而不是其他价格上进行交易。普通交易者考虑的是 5 或 10 的倍数。公众偏爱的交易价位是：25、50、60、75、100、150、175 美分等等。公众几乎总是在这样的整数价位上买进或是卖出，这就是棉花、小麦、玉米或其他某种商品期货常常会上涨或下跌到这些整数价位附近时便掉头的原因。例如，假如所有交易者都大量下单以 75 美分每蒲式耳卖出小麦，那么市场可能会上涨到 $74\frac{3}{4}$ 美分或是 $74\frac{7}{8}$ 美分。然后，由于这些沉重的卖单充斥市场，因此市场不会上涨到 75 美分。交易者们未能在这一整数价位卖出，而市场却下跌了。后来，交易者们在更低的价格水平上卖出。买进时，交易者们也以同样的方式限定价格。他们想要在 100、75、50 或 125、150 美分这样的价位买进，或是在 56、58、60、62、82 或 86 美分这样的整数价位买进，但市场价格却常常变化到距离这些价位只差 1/8 美分或 3/8 美分的价位。由于限定了固定的买进点，交易者就无法在接近顶部或底部的价位进场，因而错失了赚钱的机会。

当你买进或是卖出时，永远不要限定价格，也就是说，永远不要设定一个买进价或卖出价。当市场到达了你的图表和交易规则表明应该买进的价位时，就要按市价下单买进。限价指令已经让许多人付出了成千上万美元的代价。当市场到达了你的图表显示**应该卖出时**，也是一样的，即**要按市价下单卖出**。记住，延误是危险的。当你想要卖出时，立即卖出；当你想要买进或卖出时，就按市价买进或卖出，这样你将省下很多时间、麻烦和损失，而且还会增加赢利。

研究过去的极限最高价和极限最低价将使你相信，商品期货错过这些公众偏爱的整数交易价位的频率究竟有多高。还有一件事是你最好了解并记住的，即想要买便宜的东西，以及在低价位进行交易，这都是人性使然。假如小麦或其他某种商品期货很长一段时间以来，价格一直低于 1 美元每蒲式耳，那么当它第一次到达 1.00 美元时，人们就会认为其价格过高，因而常常会卖出。随后，当价格到达 1.12 美元、1.20 美元，或者更高时，人们又会开始相信它将到达 2.00 美元每蒲式耳。他们在过高的价位买进，这导致了损失。问题就在于，他们根本**不知道趋势何时已经改变**，也不知道该期货是处在**正常的市场**还是**异常的市场**。查看过去的记录，你就会发现，大多数情况下，当一种商品期货上涨到了 1.00 美元以上，通常都会继续大幅走高。一般而言，当小麦上涨到 1.00 美元每蒲式耳以上并维持在这个价位以上时，它都会上涨到 1.15 美元、1.20 美元、1.25 美元，或是其他某个高得多的价位。当小麦跌破了 1.00 美元每蒲式耳并维持在这个价位以下时，也是一样的，它通常都会继续大幅走低。

棉花：人们会习惯于棉花 8～10 美分每磅的价格。在长达数年之后，当条件改变，棉花穿越了 10 美分每磅时，他们就会全部卖出并反手卖空，而且还会对抗趋势。当棉花上涨到 12 美分每磅时，他们又会认为绝对应该卖出棉花，因为它即将回调。最后，当它上涨到 15 美分每磅附近时，他们又全都开始买进，因而促使市场上冲到 17 或 18 美分每磅附近。接下来，第一次 200～300 点的陡直回调出现了，他们全都被市场清洗出局并遭受了损失。原因就在于，他们没有认识到条件已经改变，没能与趋势保持一致。

记住，供求关系支配着价格。当市场上涨到新的高价水平时，说明有人在买进，此时对抗趋势毫无意义。当市场正在下跌时，也是一样的。当市场下跌到很长一段时间以来的最低水平时，说明卖压比买力大，此时你应该与趋势保持一致，而不是对抗趋势。

如何挑选即将领跌或领涨的商品期货

通过绘制某种商品期货的最高价与最低价的月线图表或季度线图表，同时绘制绝大多数活跃的商品期货的图表，你就能够确定哪种商品期货会在牛市中领涨，或哪种商品期货正为在熊市中领跌做准备。通过遵循我后面将给出的交易规则，并判断一种商品期货是否即将形成更高的顶部和底部，是否已经穿越长时间以来的阻力位，或是否已经跌破长时间以来的底部或阻力位，你就能确定哪种商品期货将会带领第一轮上涨或下跌。通过回顾过去的记录，你会发现，某种商品期货总是会最先领涨。其他一些商品期货随后会跟上来，而且在任何一轮牛市行情走到尽头时，那些在第一轮上涨中领涨的商品期货都会首先下跌。我建议单独跟随每一种商品期货的趋势。不要以为猪油正在下跌，大豆就会同时下跌；也不要以为棉花正在下跌，小麦就已经准备好下跌，除非图表显示了这一点。你要根据商品期货自身在图表上的强弱形态来选择商品期货，你应该在图表显示出确切的标志，表明运动即将开始时买进。记住，大量买进和卖出任何一种商品期货都需要时间。在完成了买进或卖出，并且供给已经被吸纳，或是需求已经得到了满足之后，趋势就会改变，一轮将持续很长一段时间的相反运动就会开始。研究过去的运动并遵循各种交易规则，你就能彻底地理解这些。

最值得交易的商品期货：正常情况下，交易小麦、玉米和大豆通常都是最赚钱的，因为这些商品期货会形成最大的波动区间，而且它们与波动区间更小的燕麦一样容易预测。有些异常年份，燕麦或许会极度紧缺而黑麦则极度充足，这样一来黑麦或燕麦就会形成极大的波动区间。从长期来看，基础的商品期货是回报最大的商品期货。棉花是最值得交易的商品期货之一，因为贸易公司会通过对冲和买进使它保持活跃。不停变动的价格会增加或减少产量，并增加供给或需求。通过研究其他商品期货的图表，你就能够确定它们何时会出现某个方向上的异常运动，因此这些非基础的商品期货有很好的交易价值。但是，公众绝大部分的交易都集中在小麦、玉米和大豆上。而且，公众在如何进行棉花交易方面所受到的教育远多于他们在如何进行可可、咖啡、糖类或是其他商品期货交易方面所受到的教育。结果就使得这些商品期货的波动区间更大，而通过交易这些领涨或是领跌的商品期货，你就会有更好的获利机会。

顶部或底部的形态

在研究过去的市场运动记录的过程中，如果你仔细研究周线图表或月线图表，当市场处在极限最低价或极限最高价时的形态时，你就会（在头脑中）形成一幅图像。这幅图像将在未来的运动中对你很有价值，因为你将在任何大幅上涨发生之前注意到这些（图像上）不同的形态。记住，片图抵千言。这就是你要通过绘制图表去研究过去的市场运动记录的原因所在。你会发现，通过研究这些不同的形态将有助于你确定趋势。在后面，所有与（形态）有关的交易规则，以及不同类型的顶部和底部都将会讨论。

突如其来的意外消息：许多交易者经常写信问我："如果一夜之间传来了某个突如其来的意外消息，比如战争爆发、总统去世、一场暴风雨严重毁坏了棉花、经纪公司或某个交易大户破产，或是诸如此类的重大事件，那么此时你怎么确定市场接下来会如何表现？或是我们应该怎么办?”我的回答是，未来之事均会有征兆。市场几乎总是为这些事件做好了准备，并且会在这些事件发生之前发出表明趋势即将改变的某种信号。例如：

1917 年——2 月 2 日，当德国宣布无限制潜艇战时，棉花和小麦出现了陡直的下跌。

小麦：

1916 年——11 月，最高价为 195 美分。市场出现了一轮大幅上涨并预示着回调即将发生。12 月，最低价为 154 美分。这是短时间内的一轮陡直、快速的下跌，预示着反弹即将发生。

1917 年——1 月，最高价为 191 美分，还差 4 美分每蒲式耳到达老顶 195 美分，表明趋势即将向下，你应该进行卖空操作。2 月 2 日，出于对潜艇战的恐惧，小麦毫无抵抗地崩跌到了 154½ 美分。你应该在这之前卖空，因为趋势是向下的。小麦没能跌破 12 月的最低价 154 美分，这一事实表明小麦正在形成底部，你应该根据利空消息买进，因为所有的迹象都指向一个事实，即美国即将参战，而且战争会持续，这对小麦是利多。

棉花：

1916 年——11 月，最高价 21.50 美分。市场从 8 月份的 13.80 美分开始上涨，这是一轮大幅度的上涨，因而回调应该出现了。12 月，最低价 16.50 美分。这是一轮 400 个点的下跌①，因而反弹应该出现了。

1917 年——1 月，最高价 19.10 美分，还差 240 个点到达以前

① 译注：原文是 400 点。如果以 21.50 美分下跌到 16.50 美分计算，应当是 500 点。由于没有找到其他数据相互验证，如此，但存疑。

的最高价，表明主要趋势即将向下，你应该进行卖空操作。因此，当出乎意料的潜艇战消息发布之后，发生大幅崩跌时，你应该已经处于空方的位置。2月2日，因为这个消息，棉花低开300～400个点，下跌到了13.75美分附近。此时，你应该已经处于空方的位置，并根据这一利空消息在这次毫无抵抗的崩跌时回补空单。我们在随后阐述交易规则时，会说明为什么应该在这个价位附近买进棉花。许多人都根据这一利空消息同时卖出了小麦和棉花，而且是在底部附近卖出的。这是几年来棉花和小麦到达过的最低价位。这再一次证明，市场已经发出信号，表明它将在利空消息发布之前下跌。

1933年——3月，小麦的最低价是46美分每蒲式耳。在罗斯福总统上任后，我们放弃了金本位制，小麦出现了一轮快速的上涨。事实上，这是和平年代出现的一轮常见的战时运动。7月18日，最高价为1.28美元，4个月之内上涨了72美分每蒲式耳。最后的上涨从6月19日的最低价97½美分开始，19天之内上涨了30½美分每蒲式耳。因此，在E·A·克劳福德博士破产之前，市场就已经发出了顶部的信号，当时你就应该卖出并反手卖空。所以，当市场因E·A·克劳福德博士破产的消息出现毫无抵抗的崩跌时，你应该已经处于空方的位置，因此不利的消息或意料之外的消息都不应该影响你。克劳福德博士破产之后，小麦3天之内下跌了30美分每蒲式耳。

通常，这些意外事件对内部人士来说都不算意外事件，因为他们事先已经知道了这类消息并抢先采取了行动，而且市场也发出了表明趋势即将变化的信号。利空兑现就是买进的时候；利好兑现就应当卖出。市场总是会通过图表上的强弱形态来表明当重大消息出现时，所对应的下跌或上涨的幅度究竟会有多大。

当买盘力量大于卖盘力量：当市场上涨，那是因为买盘力量和需求增加。当买盘力量大于卖盘力量，市场就会形成更高的顶部和底部，并且会持续上涨，直到卖盘力量大于买盘力量，随后趋势就会反转。你必须研究自己的图表，并遵循所有的交易规则，以便确定趋势何时发生变化。

当卖盘力量大于买盘力量：当供给超过需求，卖盘力量大于买盘力量，价格自然一定会下跌到支撑位或买盘力量超过卖盘力量的价位。然后趋势就会改变——至少暂时会改变，反弹就会发生。仔细研究我所有的交易规则和图表，以便确定趋势何时发生变化。

为何在高价位时回调会变小：在牛市当中，随着市场的走高，回调幅度会变得越来越小，因为在一轮长时间的上涨之后，乐观主义和希望会增加。当买盘力量大于卖盘力量时，说明交易者正在竞相买进商品期货，因而市场将继续走高。（这个过程中）回调的幅度很小，原因就在于人们正在等待回调时买进，因此市场下方存在着大量的买单。

因此，在市场到达顶部之前，不要指望它会在高价位上出现大幅度的回调。在牛市当中，如果回调第一次超过了前一次时，你就可以认为趋势暂时已经逆转。

为何在低价位时反弹会变小：在市场已经下跌了很长一段时间之后，人们满怀希望的持有（头寸）也已经很长一段时间，因而他们会逐渐地在下跌过程中卖出。此时，买盘力量减少，人们失去了信心。在小麦下跌了50美分每蒲式耳之后，买盘力量就会少于小麦上涨了50美分每蒲式耳之后的买盘力量，由于人们已经损失了钱财而失去了信心，他们买得少是因为钱少了。另一方面，在市场已经上涨了很长一段时间并且交易者已经获得了巨大的赢利之后，他们的购买力就会增加，因为他们有了更多的保证金或本金可以用来买进。因此，在市场已经从顶部向下走了很长一段路之后，或是在它到达更低的价位之后，卖空总是会更加安全，因为此时的**反弹力度会更小**，你的**风险也就更低**。

买卖平衡：在小麦、棉花或其他任何一种商品期货出现了长时间的上涨之后，它最终都会到达一个买盘力量和卖盘力量平衡区间，或者说大致相等的价位。接下来，市场或许会在一个狭窄的交易区间内运动几天或几个星期，直到卖盘力量超过买盘力量，然后趋势便会再次改变。

与在高价位相比，买盘和卖盘在低价位时往往会更加平衡，因为市场上涨非常迅速时，回调也会非常迅速。在下跌了很长一段时间之后，市场会到达一个休整的位置或平衡期，此时交易者会在反弹时卖出；回调时买进。进而交易者会找到波动的上限、顶部，或者说阻力位。在这种时候，市场即使下跌了几美分每蒲式耳，交易者也会买进，因为他们正在采用“割头皮”的交易模式①。市场或许会在这类的交易区间内停留几个星期或是几个月，因为买盘和卖盘大致平衡。当市场到达了这种阶段时，你就必须盯着图表、研究图表，并运用我的各种交易规则等待市场显示一个方向的作用力战胜了另外一个方向的作用力。当买盘力量超过了卖盘力量，市场就会突破交易区间，进而上涨；当卖盘力量超过了买盘力量并且市场出现超卖现象，市场就会突破交易区间，进而下跌到更低的价位。

政府对商品的管控

自从罗斯福新政开始，以及政府尝试调控生产并控制价格以来，他们已经干预了供求的自然法则。在我看来，他们的做法弊大于利，而且全国上下许多精明的商人和谷物交易者都与

① 译注：“割头皮”交易模式是小利高频的交易模式，译者认为有两种方式。一种是“抢帽子”，就是针对小型的上涨运动买进，小赢利后就退出。另外一种就是这里所指的方式，就是固定区间的低买高卖。

我持有同样的观点。我们相信政府对生产和价格的管控将在战后结束，因为政府不可能继续补贴并付钱给农民让他们不种植农作物，而同时把税收负担加在商人和其他纳税人头上，以至于导致他们停止生产。对农民，政府只出不进。只要政府对商品价格的这种干预一结束，价格就会遵循供需法则，并根据供求寻求合理的价位，自然会平衡一切事物。气候条件和气候周期因时而变，在连续几年的风调雨顺的丰年之后，风雨失调和欠产欠收的状况就会出现。政府无法控制气候，也无法控制自然法则。因此，政府不应该再控制生产和价格，而应该让供求法则自然发展，这对于所有的关联方来说都是最好的。这样，贸易公司的人、投资者和投机者就知道他们可以依赖自然而正常的趋势。

高价位上的沉闷和呆滞：小麦和其他商品期货经常都会在到达了极限高价时变得非常沉闷和呆滞，并且此时的成交量也非常小。只要它们在这种高价位时处在某个交易区间内，那么最安全的做法就是待在场外观察，直到它们跌破阻力位并显示它们即将走低。

成交量

当商品期货跌破（以前的）底部或阻力位时，成交量会放大；如果运动方向反转并开始上涨，成交量也会放大，并且商品期货或棉花会穿越先前的最高价位，变得非常活跃并继续走高。等待死气沉沉的不活跃市场显示出它将在哪个方向上开始变得活跃总是会获得回报的。

在一轮长时间的上涨之后，谷物或其他商品期货经常会进入一种**极端的弱势形态**，此时它们只会出现一些**非常小的反弹**。交易者和投资者因为对谷物有信心，会在每一次微小的回调时买进，直到最终被彻底派发并出现超买现象。随后，当市场开始下跌时，在**下跌的过程中**将不会出现买进指令或者说支撑性的指令。当那些已经在更高价位买进的交易者和投资者开始卖出时，谷物市场就会一路变得更加弱势，而反弹幅度则会变得更小。

不要不敢在谷物大幅下跌之后卖空，因为它在下跌之后会处于一种更加弱势的形态。因此与在高价位时相比，此时进行卖空会更加安全。

市场何时处于最强势或最弱势的形态

在一轮长时间的下跌之后，小麦或其他商品期货会处于最强势的形态，进而市场会开始不断形成更高的底部，尤其是在一轮很小反弹之后的陡直而快速的下跌之后。在形成了第二个或第三个更高的底部并且穿越了上一轮反弹的顶部之后，市场就处于最强势的形态。底部不断抬升常常标志着市场即将进入强势形态，而且市场通常都会从第三个或第四个更高的底部开始上涨，这轮上涨就是持续时间久并且期间仅有小幅回调的大幅上涨。如果你介入到这类运动当中，你就会以最快的速度获利。

在熊市当中，这条规则要反过来用。市场在不断形成更低的顶部时最弱。在形成了第三个或第四个更低的顶部，并且跌破了前一个最低价或者说前一个底部之后，市场就处于最弱势的形态，并且这表明了主要趋势向下，而且下跌速度将加快。

商品期货交易所的积极作用

那些时刻都想愚弄人们的政治领导人和煽动家时常批评和谴责商品期货交易所，而且说要让交易所关门，让交易所破产。

全国各地的商品期货交易所就像杂货店和纺织品店一样必不可少，因为它们让公众能够随时掌握商品价格。商品期货交易所可以让农场主获益，因为他总是知道供求关系是如何支配价格的，而且他可以从报纸上看到小麦、玉米或燕麦在芝加哥期货交易所或其他市场中心的价格，这样他就可以了解自己的产品和商品能卖多少钱。

种植了大面积的小麦、玉米或燕麦的农场主能够得益于商品期货交易所。假设在一年中的春天或夏天，他预见到自己会有很好的收成，并且在收获季节到来之前价格非常高。假设小麦现在的价格为 1 美元每蒲式耳。该农场主知道他将收获 2000 蒲式耳，并且他有理由相信，在收获季节到来时，小麦无法卖到 1 美元每蒲式耳。但是，5 月份，小麦在芝加哥期货交易所和堪萨斯商品交易所（Kansas City Board of Trade）的价格为 1 美元每蒲式耳。于是，他给自己的经纪人下达指令，以 1 美元每蒲式耳卖出 2000 蒲式耳，交割时间为 7 月、9 月或 12 月。这是他对预期后来小麦交割的套期保值。假设小麦下跌到了 80 美分每蒲式耳，那么当这位农场主收获小麦时，80 美分就是他能卖到的价钱。于是，他以 80 美分每蒲式耳卖出，然后回补他以 1 美元卖出的空头合约，因而获利 20 美分每蒲式耳。或者他也可以在芝加哥期货交易所或其他任何一个期货交易所进行实际的交割，这样他就可以从小麦上获得 1 美元每蒲式耳。

政治煽动家从来不会告诉农场主交易所会给他们带来什么好处，反而总是批评和找茬儿。

没有商品期货交易所，商人们就做不成生意。假设一家大型棉纺厂预计使用 1000 包棉花。它们不可能在高价位买进这批棉花，并在这批棉花用完之前就承担每磅下跌 2 美分、3 美分或 5 美分的损失风险。因此它们可以先买进大量棉花，然后卖出期货进行保值，这样即使棉花下跌，它们也不会遭受损失。另一方面，假设一家棉纺厂明年需要 10 万包棉花，但它们现在没有现金用来买进。那么，它们可以每包缴纳 5 美元或 7 美元的保证金，买进 6 个月之后交割的棉花期货，这样它们就有了充分的保障。接下来，即使市场上涨，它们的需求量也可以得到满足，因为它们可以随时在需要时买进棉花，而且还不用担心价格问题。

对于面粉厂来说，情况也是一样。如果它们手上有大量的小麦供应，而价格却开始下跌，那么它们可以卖出小麦期货。这样一来，无论小麦下跌到多低的价位，它们都获得了保险和保护。

假设现在的小麦就像 1932 年和 1933 年那样，价位非常低，大约 44 美分每蒲式耳。面粉厂有充分的理由相信小麦将再次卖到 1 美元每蒲式耳，甚至更高。但是，它们没有现金买进几百万蒲式耳的小麦来满足自己一年或是更长时间的需求。但是它们可以进入期货市场并提前买进 6 个月或 9 个月以后交割的小麦，付上保证金，然后在需要时买进小麦。如果小麦到达了 1 美元每蒲式耳或是更高的价位，那么这家面粉厂就已经从期货合约上获得了赢利，而且这样做它们就能够以更低的价格向公众出售面粉，这样公众从面包店购买面包时，也不用因为小麦涨价而付出高得多的价格。

商品期货交易所价值的证据是，在许多国家它们都已经存在了几百年，而且正在满足经济需求。

芝加哥期货交易所组建于 1848 年，已经存在了将近 100 年，而且对本国经济起到了一些积极作用。纽约棉花交易所组建于 1870 年，已经为生产者和消费者带来了巨大的利益。

无论一个人从事哪种行业，都会有些人会愚弄自己，他们会赌博并且赔钱。仅仅因为少数人行为愚蠢——过度交易——应该卖出时买进——或是应该买进时卖出——而赔了钱——然后就归咎于棉花交易所和商品期货交易所。一般公众或政客们因为少数人的行为愚蠢而谴责商品期货交易所，这是没有道理的。任何人在买进或卖出商品期货和股票时赔了钱，或是在生意上赔了钱，都是他自己的错，他不应当责怪他人。那些能不断进步、获得成功的人会认为犯错的原因在于他自己，因而他会责怪自己而不是他人，这样未来他就会因为承认了自己的错误而获利，因为他会尽力避免再犯同样的错误。

任何人都不可能因为将自己的不幸归咎于他人而在生活中取得成功或发现快乐。

如何开仓和平仓

现在，假设“A”于1月份给他的期货代理商下令以85美分每蒲式耳的价格买进5000蒲式耳5月交割的小麦，并且存入了要求的保证金，以便确保期货代理商不受损失。如果小麦上涨到了95美分每蒲式耳，那么即使是短时间内上涨的，他也可以给自己的期货代理商下令卖出，并且可以立即提取减去佣金后的赢利和先前存入作为保证金的资金，尽管经纪人可能得等到5月才能交割他代表客户建立的合约。到时，期货代理商买进的小麦会按买进价交割，然后他再把小麦交付给他的客户平仓时卖给的那个人。

反过来说，假设“A”给他的期货代理商下令以85美分每蒲式耳的价格卖出5000蒲式耳5月交割的小麦。如果在他存入了要求的保证金，以便确保期货代理商不受损失之后，小麦上涨了，那么他就必须维持最低的保证金。在小麦上涨到95美分时，他可以给他的期货代理商下令买进，此时代理商会向他报告这笔交易所出现的损失。另外一种情况，假如“A”在下令以85美分的价格卖出之后没有下令以95美分的价格买进小麦，那么期货代理商就会被迫发出追加最低保证金的通知，以作为未平仓合约的担保，因为加佣金，以及市场上涨到了远高于当初的卖出价的价位，先前10美分的保证金已经被耗尽了。

大豆、玉米和其他所有的谷物、粮食、棉花以及棉油都以同样的方式买卖，以同样的方式交割。

按照期货交易所的用语，卖出未来交割合约的那部分人叫“空头”，买进未来交割合约的那部分人叫“多头”。因此，在上涨的市场中，经常用到的术语就是“空头”在回补或买进；在下跌的市场中，经常用到的术语就是“多头”在出货、卖出或变现。

挑选经纪人：当你开始开立账户时，首先应该想到的就是本金的安全性与经纪人的可靠性。你始终要在同时是一些主要商品期货交易所会员的经纪人那里开立账户和进行交易。

芝加哥期货交易所、温尼伯粮食交易所（Winnipeg Grain Exchange）、堪萨斯商品交易所、新奥尔良棉花交易所（New Orleans Cotton Exchang）、纽约棉花交易所（New York Cotton Exchange）、纽约商品期货交易所有限公司（Commodity Exchange，Inc.，of New York）、纽约咖啡与糖类交易所（Coffee and Sugar Exchange of New York）、纽约可可交易所（Cocoa Exchange of New York）、芝加哥商品交易所（Mercantile Exchange in Chicago）和纽约农产品交易所（Produce Exchange in New York）都是正规的组织机构，并且都由世界上最可敬与最公平的人进行管理。因此，你在任何一家主要交易所的会员那里开立账户，你的资金都会是安全的，并且可以确保你的委托单得以诚实地执行，而且各个方面都很可靠。

不要在桶店[①]进行交易。因为在那里，你要买时，而卖给你的人，是依靠你的损失来赚钱的。

如今几乎已经没有“桶店”存在了，但时不时地会冒出一家。因此，为了自我保护，你一定要确保在一家主要交易所的正规会员经纪人那里开立账户。你很容易就能查出谁是可靠的经纪人，谁是交易所的会员。银行总是知道这些，并且每一个经纪人都会被要求公布他是哪些交易所会员的清单。

① 译注：“桶店”指针对低收入阶层的高杠杆与不执行的伪证券交易方式或商号。详细情况可参看本套译丛中的《股票作手回忆录》。

第二章　形态解读
——判断商品期货趋势的交易规则

研究：一个不愿意努力工作和研究，也不愿意提前为成功付出的人永远也不会取得成功。如果你愿意花时间去研究，并且仔细回顾小麦、大豆、棉花和其他商品期货多年以来的记录，你就会相信，交易规则能够发挥作用，并且你能够通过跟随商品期货市场的主要趋势来赚钱。

形态解读：我们当中的任何人所学的知识中有85%是来自我们的所见。常言道："片图抵千言。"这就是为什么形态解读，或者说对不同时间周期的不同形态的解读会这么有价值。未来不过是过去的重演。不同时期的顶部、底部或中间位表明了市场的趋势。因此，当你第二次和第三次在市场中看到相同的图像或形态时，你就知道这意味着什么，同时也就能够判断趋势。

我所给出的交易规则在未来将与过去一样有效，你不必接受我这种说法，但你有必要用过去的记录去证明这些交易规则确实有效；这样你便会有信念遵循这些规则并赚到钱。

如果只是靠猜测、跟随所谓的内幕消息、小道消息或是依据希望进行交易，你永远也不可能取得成功。你不能想当然地进行交易，而要依据你的知识。你必须遵循已经被过去的历史证明正确无误的交易规则。

需要多少本金

不管你在商品期货市场上运用的是什么方法，首要考虑的都应当是需要多少本金。你要能凭这笔本金进行交易，要在5年、10年或15年的周期内永不损失本金，并且还要能获利。而能使你获利并永不损失本金的方法，就是每一位想要成功的交易者都应该遵循的方法。

一般情况下，我始终认为比较可取的是，每交易1万蒲式耳的小麦或其他商品期货至少要使用3000美元的本金，并且将止损单限制在每1万蒲式耳至多3美分。这样，你就能用自己的本金进行10次交易，因此市场必须连续10次打败你才能把你的本金扫光。而你若是遵循了交易规则，就不可能连续10次被打败。无论你使用多少本金进行交易，都要遵循这条交易规则：将自己的本金分成10等份，在任何一笔交易中，都不要拿超过1/10的本金去冒险。如果你连续亏损3次，就要减小自己的交易单位，并且只拿剩余本金的1/10去冒险。如果你遵循了这条交易规则，就几乎一定会成功。

当小麦、玉米、燕麦、黑麦或大豆在40～60美分每蒲式耳的低价位交易时，你就可以用1000美元的本金开始，并且交易的单位为5000蒲式耳。第一次交易的时候，你应当把止损单设置在距离（买进点或卖出点）不超过2美分的位置；而且如果可能的话，你应当尽力在自己的风险只有1美分时开始交易。换句话说，如果本金是1500美元的话，你就必须考虑到自己至少能够交易7～10次，也就是市场必须连续打败你7～10次，才能扫光你的交易本金。只要你用这种方法，遵循交易规则，并且依据确切的标志进行交易，市场就几乎不可能将你的本金扫光。

当商品期货处于最高价位时，这种方法将成就最赚钱的交易。当小麦或大豆价位在1.75～2.50美元每蒲式耳时，你每交易 5000 蒲式耳就应该使用 2000 美元的本金。

如果你打算从 1000 蒲式耳的小单位或是分批买进的方式开始交易，每 1000 蒲式耳就要使用 300 美元的本金，并且最初交易承担的风险不能超过 3 美分。如果可能的话，尽力在能够把止损单设置在距离买进点或卖出点不超过 1 美分或 2 美分时进行交易。在任何一次交易中，都永远不要拿超过 1/10 的本金去冒险。

运用何种图表

比较繁忙的人或是专业人士应该备有小麦、玉米、大豆、棉花或其他任何一种自己感兴趣的商品期货的最高价与最低价的周线图表。他还应该绘制几种商品期货的最高价与最低价的月线图表，并关注这些商品期货是否活跃的迹象。当这些不同的商品期货变得活跃起来，并显示趋势即将变化时，就要仔细观察它们。当它们穿越老顶并显示出活跃性时，就是买进的好时机；或者当它们跌破老底或阻力位时，就是卖空的好时机。

季度图表：在图表上使用的时间周期越长，该图表对于判断趋势的变化就越重要。我们所说的季度图表或季节图表，指的是使用一年的 4 个时间周期或者说 4 个季节的图表。我们使用的是一年的前 3 个月——1 月、2 月和 3 月。然后我们使用的是冬季这 3 个月的小麦、大豆或其他商品期货的最高价与最低价图表。接下来我们用 4 月、5 月和 6 月绘制春季图。在这之后，我们用 7 月、8 月和 9 月绘制夏季图。最后我们用 10 月、11 月和 12 月绘制秋季图。这样，一年中就有 4 个周期，每个周期为期 3 个月。仔细研究季度图，你就会看出，这些季节周期图在发生重大的趋势变化时是如何显示的。观察一轮长期的上涨或下跌之后，市场第一次跌破前一个季度的底部之后，图表有多少次显示了趋势的变化和熊市的来临；一个季度的价格第一次超越前一个季度的最高价位时，就几乎总是表明了趋势的变化和牛市的来临。如果你结合最高价与最低价的月线图表和周线图表，仔细研究季度图表，并注意小麦或其他某种商品期货的强弱形态，你就会发现这对判断主要趋势的变化非常有帮助。我建议单独绘制你所交易的每种商品期货的季度图表。

何时运用最高价与最低价日线图表：当市场非常活跃并且在一个很大的区间内波动时，尤其是在牛市的最后阶段或熊市的最后的快速下跌时，你就应该绘制出小麦、大豆或其他商品期货的最高价与最低价的日线图表并标注出阻力位，同时运用与周线图表相同的交易规则，因为日线图表会向你显示出小型趋势的第一次变化，这或许会在后来被周线图表证实为主要趋势的变化。详尽的说明将在“阻力位”一节中给出。

大型趋势和小型趋势

你总是能通过跟随市场的主要趋势赚到最多的钱，尽管说永远都不能逆势交易，这意味着你将错过很多能够获得大笔赢利的中型运动。你必须遵循以下交易规则：当你逆势交易时，要等待某一条交易规则向你发出底部的买进点或顶部的卖出点的确切标志，这个位置你就可以设置止损价更加接近（买进点或是卖出点）的止损单。

市场上总是存在两种趋势——大型趋势和小型趋势。小型趋势与主要趋势的方向相反，这种趋势持续的时间很短。在主要趋势向下的过程中出现反弹时，如果一个交易规则已经表明了反弹的顶部，在这个位置卖空小麦或其他商品期货要比在回抽中买进安全得多。

在一轮牛市行情或上涨的市场中，等待小型回调的出现，并在交易规则表明是买进的时机时买进要比在反弹时卖空要安全得多。在买进或卖出之前等待趋势的确切标志，你总是能赚到最多的钱。

价格说明趋势

因为历史会重演，所以小麦或其他商品期货的价格会说出未来市场的表现。价格记录了全国上下的一致观点。除非买盘增加，否则商品期货不会上涨；除非卖盘增加，否则商品期货不会下跌。小麦或其他任何一种商品期货的价格说明了每一个人在想什么，大多数人都在做什么。价格记载了供应与需求。

贪婪和对巨大赢利的渴望不会改变。它们是人性内在的因素的组成部分，而打败普通人并导致商业投资或投机损失的就是人性。人性阻止了交易者在出现账面利润时兑现利润。他会满怀希望，想要赚得更多。当交易者遭受亏损时，他会满怀希望，拒绝卖出，因为他期待出现根本就不会出现的反弹。问题就在于，他不愿意面对事实。当市场与他背道而驰时，他越快采取行动越好。他希望出现反弹，但最终希望变成了绝望，他只能卖出，而且经常是在底部卖出。永远不要在你恐惧时进行交易，也永远不要仅仅依据希望进行交易。不要根据猜测进行交易，要遵循我的交易规则。只有遵循明确的交易规则才能获得成功。你要随条件变化和趋势变化而变化，但要有自己的交易规则和理由，这样你就不是猜测而是知道趋势即将改变。过度地希望比恐惧更危险，它将让人陷入更大的灾难当中。

最高卖出价和最低卖出价，以及两者之间的价格波动区间的百分比

数学是唯一精确的科学。所有的民族，不管说的是什么语言，都同意数学这门科学的精确性并加以运用。在其他所有领域，科学家们都是见仁见智，但到了运用数学时，不管是化学家、天文学家、经济学家还是会计师，全都依赖于数学并一致

同意其精确性。他们全都同意 2 加 2 等于 4。任何在商品期货交易中赚钱的方式或体系都必须建立在精确的数学定律的基础之上。小麦或其他商品期货的每一个顶部或是底部，与其他某个顶部或底部都存在着一种精确的数学比例关系。

用底部预测未来的顶部

交易规则：从小麦、大豆、棉花或其他商品期货的任何一个极限低点开始，以这个极限低点为基数，并用这个基数的百分比来确定上涨过程中顶部至底部[①]的各个阻力位。

我们的货币是 100 美分等于 1 美元，也就是 1 美元是最基础的货币单位。计算百分比的正确方法就是，用最低价除以 8，进而得到 12½%、25%、33⅓%（1/3）、37½%、50%、62½%、66⅔%（2/3）、75%、87½%和 100%。这些就是最重要的百分比。最低价上涨 50%或者说一半之后的点位就是用来确定阻力位、顶部或底部的最重要的点位[②]。下一个最重要的点位是最低价上涨 3/4 或 75%之后的点位，再下一个最重要的点位是最低价的 2 倍，也就是上涨 100%之后的点位。

记住这条交易规则：从任何一个底部上涨了 100%或 50%之后的点位是应当注意的用来确定阻力位、最高价和最低价的 2 个最重要的点位。同时你必须把时间循环和时间的交易规则，以及以底部为基数计算出的百分比结合起来使用。

最高价与最低价的整数百分比

我们已经给出了最高价与最低价的百分比规则，也就是

① 译注：阶段性顶部除以作为基数的底部得到的百分比。实际中，用作为基数的底部乘以特定的百分比就得到了未来的可能顶部。

② 译注：这里的底部是指上涨过程中回调的底部。

12½％和 12½％的倍数以及 33⅓％和 66⅔％。但是对于棉花、猪油、兽皮橡胶和其他以 0.01 美分为涨跌单位的商品期货来说，阻力位经常会出现在从重要顶部下跌或从重要底部上涨了 10％、20％、30％、40％、60％、70％ 和 80％ 之后的点位附近。

有时，当市场非常强势时，下跌幅度就只会是上一个最高价的 10％，而不是12½％。其他一些时候，如果市场非常疲软，反弹幅度就只会是（上一个最低价的）10％，而不是 12½％。还有一些时候，回调和反弹幅度会是 20％，而不是 25％。

你还可以将 10％和 10％的倍数运用于小麦、玉米和其他价格在几美分每蒲式耳的商品期货的上涨、下跌或最高价和最低价的百分比。

在市场形成了**最终的底部**并出现了第一次重要的**次级回调**，之后就要计算这个次级回调的百分比。然后观察未来走势其他的回调是否会运行大致相同的百分比。这就是你用来衡量未来运动的尺码或者说量尺。

例如，假设第一次回调时下跌了 20％。之后就要留意 20％的回调，并且在市场（回调）超过了 20％时，就可以认为趋势正在改变。

假设第一次反弹是第一次陡直下跌的 20％、25％或 50％。之后就要观察一路下跌的市场，看看是否会出现相同幅度或者说相同百分比的反弹。然后当市场已经持续了足够长的时间，就要注意市场反弹的百分比第一次超过前一次或第一次反弹的百分比，这表明了趋势正在改变。

但是要记住，最重要的是**时间周期**。若是时间失去平衡或显示趋势已经改变，时间周期就比价格百分比重要得多。例如，在一轮长时间的上涨之后，如果某种商品期货的回调从未超过 2 个月或 1 个月，那么当它第一次超过这个时间周期时，就表明趋势已经改变。在下跌方向上这条规则同样适用。在下跌过程中，反弹的时间周期第一次超过最长的时间周期时，你就要考虑趋势已经改变——至少暂时已经改变。

用顶部预测未来的底部或最低价

通过运用顶部的百分比，你可以确定下跌过程中的各个阻力位或底部。你要遵循这条交易规则。同时你还必须运用极限高价与极限低价之间的价格区间。这个区间的50%位是一个非常重要的阻力位；下一个重要的阻力位是75%位，最重要的阻力位是100%位。你永远不能忘记使用最低的底部和其他的底部；也永远不能忘记使用最高价的顶部，或者说极限高价，以及一些次要的顶部。始终要把极限高价和极限低价视为最重要的。

小麦：回顾1852年，并以28½美分作为基数或底部，那么100%的涨幅就等于57美分；200%的涨幅就等于85½美分；250%的涨幅就等于99¾美分。根据我的交易规则，从最低价上涨50%、150%、250%或300%之后的点位是最重要的点位。在这些最重要的点位当中，需要注意的是从最低价上涨50%和100%之后的点位。

阻力位

如果希望在投机中避免失败，我们就必须讨论原因。万物都基于一种精确的比例和完美的关系而存在。自然界中没有巧合，因为最高级别的数学法则是万物的基础。法拉第说：“宇宙间除了力的数学点之外别无他物。”

每一种商品期货都会在之前某个最高价或最低价的某种成比例的确切数学点上形成顶部或底部。

小麦或其他任何一种商品期货在极限高价与极限低价之间

的运动，不管是大型运动还是小型运动，都是非常重要的。通过对这个波动区间进行适当的分段，我们可以确定商品期货在反向运动中——不管是上涨还是下跌——会遇到阻力或支撑的点位。

通过结合时间周期，仔细观察这些阻力位，你就能在交易时设置与（买进点或卖出点）距离更近的止损单，并且能够获得更大的成功。利用阻力位，你就可以知道小麦或其他商品期货为什么会在老顶和老底获得支撑或遭遇卖压。

波动区间

12½％位或 1/8 位： 取任何一次重要运动的极限低价和极限高价，极限高价减去极限低价就得到了波动区间。然后用波动区间除以 8 就得到了 1/8 位或 12½％位、25％位等等，这些就是阻力位，或是买进点和卖出点。当小麦或其他商品期货停在这些价位附近，并且恰好在这些价位或这些价位附近形成底部或顶部时，就表明时间周期发生了改变。这就是应该买进或卖出的位置。有些时候小麦、大豆或其他商品期货会在这些重要的阻力位附近停留 3～7 天，或者更长时间，并同时形成底部或顶部；而在另一些时候，它们可能会在这些重要的阻力位附近停留好几个星期，这证明在这些点位附近有人在买进或是卖出。

33⅓％位和 66⅔％位或 1/3 位和 2/3 位： 用商品期货（极限高价和极限低价之间的波动区间）除以 8 得到了 1/8 点位之后，下一步重要的事情就是用波动区间除以 3 得到 1/3 位和 2/3 位。这两个点位非常强，尤其是当它们落在之前的运动的阻力位上时，或者当它们是一个非常大的波动区间的分段点时。1/3 位等于33⅓％位，2/3 位则等于 66⅔％位。

最高价

下一个重要点位是商品期货的历史最高价与每一个更低的顶部之间的分段点位。

用最高价除以 8 就得到了 1/8 位，同时用最高价除以 3 就得到了 1/3 位和 2/3 位。

这是非常重要的，因为一种商品期货在跌破了（极限高价和极限低价之间的）波动区间的半路点或者说 50%位之后，通常都会下跌到最高价的半路点，而且对其他阻力位来说也同样如此。

当小麦或其他商品期货正在上涨时，它们经常会穿越最高价的半路点或者说 50%位，然后上涨到（极限高价与极限低价之间的）波动区间的半路点并在此遇到阻力。

需要考虑的最重要的商品期货运动：第一点，也是最重要的一点：考虑小麦、大豆、棉花或其他商品期货的历史极限高价与极限低价之间的阻力位。

下一个需要考虑的重要的点位：商品期货的历史最高价的阻力位或分段点位。

接下来要考虑每一轮持续了 1 年或 1 年以上的行情的波动；时间周期越长，波动越重要。计算出极限高价与极限低价之间的波动区间，并将该区间分成 8 等份，以此获得阻力位。

然后计算出第三个或第四个更低的顶部，并将其除以 8，以此获得阻力位。

次级底部和顶部：当市场在一轮熊市行情中已经形成了最终的底部之后，会出现第一轮反弹，随后会出现次级回调并形成更高的底部。此时第一次反弹的最高价与次级回调的最低价之间的半路点或者说 50%位对于我们计算阻力位就非常重要。第一次反弹的顶部与次级回调的底部之间的半路点是一个强有力的支撑点。

当市场在一轮牛市行情中已经到达了最终的顶部之后，会出现第一轮陡直的下跌，随后会出现一轮次级反弹并形成更低的顶部。这个更低的顶部是一个对于我们计算阻力位非常重要的点位。第一次回调的底部与次级顶部之间的半路点是一个强有力的阻力位。

阻力位的强度：当一种商品期货正在上涨并且穿越了 1/4 位或者说 25%位时，下一个应当注意的最重要的点位就是半路点或者说重心，或者说波动区间的平均值或 50%位。

下一个（应当注意的）半路点以上的点位是 5/8 位或者说 $62\frac{1}{2}$%位。

半路点被穿越之后，再下一个最强点位是 3/4 位或者说 75%位。

如果波动区间非常大，注意这轮运动的 7/8 位或 $87\frac{1}{2}$%位就很重要。这常常标志着一轮上涨的顶部。

但是，当我们注意这些阻力位时，还要始终注意时间周期和周线图表上的老顶和老底，并且要遵循我在讨论形态时所给出的交易规则。如果小麦或其他商品期货开始在这些阻力位附近形成顶部或底部，那么买进或卖出就是安全的。

50%位或半路点

始终要记住，50%回调或是极限最高价波动区间的半路点是下跌过程中的一个支撑点，或上涨过程中遇到卖压的阻力位。这是一个平衡点，因为它将波动区间分成了 2 等份。

当小麦上涨或下跌到这个半路点时，你就应当卖出或买进，并根据小麦是否正处在非常高或非常低的价位，来确定把止损单设置在（离卖出点或买进点）1 美分、2 美分还是 3 美分的价位。

区间越大，时间周期越长，市场在到达这个半路点时就越重要。

你仅靠跟随这一条交易规则就能赚到大钱。对任何一种商品期货进行仔细研究并回顾其过去的运动，都会向你确定无疑地证明，这条交易规则是有效的，并且你可以通过遵循这条规则来获利。

一个小的半路点指的是一个小**顶部**和小**底部**之间的1/2位。回调通常都会运行前一轮运动的1/2或者说运行到上一轮运动的半路点。

当1/2（50%位）与5/6（62½%位）之间的区间等于或大于8～12美分，并且商品期货穿越了（该区间的）半路点时，该期货就会上涨到5/8位并在此遇到阻力，然后便会回调或下跌。在等待出现顶部或回调时，5/8位是非常重要的点位。小麦经常会从5/8位回调到半路点并再次形成一个买进点。

当小麦或其他某种商品期货下跌时，适用同样的规则。如果1/2位和3/8位之间的区间等于或大于15～20美分，然后小麦又跌破了半路点，那么它就会下跌到3/8位并形成底部，然后反弹到1/2或50%位，或者更高。

当小麦处在一个狭窄的交易区间内，它经常会在半路点上方的5/8位与半路点下方的3/8位之间波动，并在半路点、5/8和3/8位附近形成底部和顶部，这是在整个波动区间的1/4之内运动。

当小麦或其他某种商品期货上涨到了某个半路点，并且从这个半路点回调了几个点，然后最终穿越了这个半路点，那么你就能根据自己的阻力位卡片上的显示或下一个老顶，预期它将在（什么位置）形成下一个阻力位。

当小麦或其他某种商品期货下跌，并好几次在某个半路点上获得了支撑，然后跌破了这个半路点，也适用同样的规则。这将表明阻力位将出在你的阻力位卡片上或是下一个重要的底部将出现。

最强点：（市场）强势的最重要标志就是当一种商品期货停在半路点上方1个点或更多点时，这表明有买单或支撑单被放置在了这个重要的**阻力位**上。

最弱点：（市场）疲软的一个信号是，一种商品期货在上涨，而且就差 1 个点或更多点，或者说差 1 美分或 2 美分每蒲式耳而没能到达半路点，然后便下跌并跌破了前一个底部或其他的阻力位。

下一个阻力位

当主要的半路点被突破之后：在主要的半路点被突破之后，下一个应当注意的阻力位就是先前某次运动的半路点。我所说的主要的半路点，指的是小麦或其他某种商品期货有史以来的极限波动区间的半路点或 50%位。

主要的半路点被（向上或向下）穿越之后的另一个非常重要的阻力位是最高价的半路点或 1/2 位。这是一个比小波动的半路点更强有力的支撑位，因为它把最高价分成了 2 等份；而且在这一半路点被穿越 3 美分之前，它也是一个强有力的买进点或卖出点。不管小麦或其他商品期货处在非常高的价位、中等价位还是非常低的价位，这一半路点都很重要。

同一个价位附近的阻力位：当两个半路点或其他任何两个阻力位出现在同一个价位附近时，不管它们是波动区间的半路点或阻力位，还是最高价的分段点，你都应该把这两个点加起来除以 2，因为这两个点之间的半路点，经常会是下跌的支撑点或反弹的卖出点。

如何找出阻力位：当你在某个价位上发现了一个重要的或者说最强的阻力位——半路点或 50%位，你就要看看这个价位附近还有没有其他的阻力位，无论它是 1/8、1/4、3/8、5/8 还是 2/3 位。你或许会在这个价位附近找到 3 个或 4 个阻力位。你在这个价位附近找到的阻力位越多，市场到达这个价位时所遇到的阻力越强。取这个价位附近的最高阻力位和最低阻力位，把这两个阻力位相加（后除以 2），得出平均阻力位。

当小麦或其他商品期货到达这些阻力位时，要注意其活跃度。如果它正在非常快速地上涨或下跌，并伴随着巨大的成交量，那么就不要认为它会在这些阻力位附近停下来，除非它在这些阻力位附近停留或维持了一两天。这样的话你就可以卖出或买进，并要设置止损单。同时你还要考虑市场是否正处在从底部上涨或从顶部下跌的第三或第四阶段，因为时间非常重要。

运用所有的交易规则，并推测重要的顶部和底部将在诸如1/3、2/3、1/4、3/8、1/2、5/8和3/4这些最强的点位出现。

不要忽略这样一个事实，即在上涨之前，市场需要时间在底部做准备；在下跌之前，市场也需要时间在顶部进行派发。市场运行的时间越长，就需要越多的时间来完成吸筹或派发，除非是快速上涨形成陡直的单顶，随后迅速回跌。

当小麦或其他商品期货跌到老顶之下：当小麦跌回到以前的各轮行情的各个老顶之下，各个老底和这些老顶之间的各个阻力位就是重要的支撑位和阻力位。

牛市或熊市最后阶段的小额赢利：当一轮牛市或正在上涨的市场正在接近行情的尾声时，赢利或运动常常会变小，这是表明小麦或其他商品期货正遭遇更大的卖压的一个信号。

举例说明：假设小麦正在上涨，穿越了以前的一个顶部，并上涨了20美分，随后回调了10美分；接下来又穿越了上一个顶部，并上涨了15美分，然后又回调了5～7½美分；此后再次上涨到了上一个顶部的上方，但这次只上涨了10美分，并且回调了5美分，或者更多。这是表明市场疲软或接近顶部的一个信号，因为每一次运动都在形成更小的赢利。在非常活跃且运动迅速的市场当中，并且成交量非常大时，最后一轮运动可能会运动更多的点数或美分。在下跌的市场中，则将这条交易规则反过来用。

如果小麦已经形成了好几次10、15或20点或美分的下跌运动，并且每次运动的时间都更短，或是当小麦跌破了底部而且跌幅越来越小，这就是卖压正在减小、趋势即将变化的一个信号。在快速运动、极度恐慌的市场当中，最后一轮下跌可能会下跌更多的点数，并且反弹会非常小。这就是最后一波套现。

在牛市行情或熊市行情的最后阶段，只能用短时间的运动或小型运动的半路点或50%位。最重要的是注意最后一轮运动的阻力位，尤其是半路点——这轮运动可能已经运行了几个星期或几个月。如果超出阻力位3美分，趋势通常都会反转。

空转：每一种机器都有空转。在谷物市场或其他商品期货中也存在由动力引起的空转，这会驱使小麦或其他商品期货略微超过或低于某个阻力位。一般的空转是1⅞美分。这就是为什么距离3美分的止损单是最佳的，并且被触及的次数是最少的。

如果小麦或大豆非常活跃，快速上涨或下跌并且伴有巨大的成交量，它们通常都会上涨到某个半路点或其他某个强有力的阻力位上方1⅞美分，但不会超过3美分。在下跌中，适用同样的交易规则。市场会超过某个重要的阻力位1⅞美分，但不会超过3个点或3美分。

这条规则适用于任何事物的重心。如果我们能在地球上钻穿一个洞，然后扔进一个球，那么重力会使这个球下落到超过地球重心的位置，但是在球的下降速度减缓之后，它最终会恰好落在重心上。这就是小麦或其他商品期货在这些重要的价位中心附近的行为方式。

研究不同商品期货的各个底部和顶部之间的各个阻力位，将证明市场是如何准确按照这些重要的点位来表现的。

用以确定买进点的交易规则

买进点

1. 在老底或老顶买进：当一种商品下跌到某个老底或老顶时，这个老底或老顶常常是一个买进点，同时要设置止损单。

事实上，你只有在能够确定把（距离买进点）1～3 美分的止损单设置在什么价位时才可以买进；当商品正处在高价位时，止损单距离（买进点）不要超过 5 美分。

对于棉花来说，要把止损单设置在距离买进点 20～40 点的价位上；当棉花价位处在非常高的水平时，距离永远也不要超过 60 点。记住，当商品期货第一次、第二次或第三次回调到老顶时，买进都是安全的；但是，当它第四次下跌到同样的价位水平时，买进就很危险了，因为（在这种情况下），它几乎总是会继续走低。

当小麦或其他某种商品期货下跌到老顶或老底下方 1～3 美分时买进。然而，如果小麦或其他某种商品期货恰好维持在老顶或老底附近，并且没有跌破老顶或老底下方 1～3 美分，那么该期货常常都是最强势的。如果该期货维持在略高于这些老顶和老底的价位上，这就是一个甚至更加强势的迹象。

当小麦的价格为 1 美元或是更高，并且穿越了老顶，它可能会回调 5 美分；但是，如果它回调时停在了老顶的位置，或是仅仅回调到了老顶下方 1～2 美分，就表明它更加强势了。在价格穿越老顶之后，它可能会回调到老顶下方 5 个点，但不会回调更多。如果市场真的很强势，它就不应该回调到 1 美元下方多达 5 美分，除非市场正处在一个很大的交易区间并且非常活跃，不过这种情况极少出现。

2. 更安全的买进点：当小麦、棉花或其他某种商品期货穿越了前几个星期的一系列顶部，并且单种商品期货的图表上表明这轮小型趋势或主要趋势已经掉头向上时，买进。

3. 最安全的买进点：小麦、棉花或其他某种商品期货已经穿越了前几个星期的顶部，并且上涨超过了从顶部下跌的过程中的最大反弹之后，在次级回调时买进。

4. 当从极限底部开始的第一次反弹就在时间上超过了之前的熊市行情中的最大反弹（所持续的时间）时，**买进**。

5. 当时间周期超过了市场到达极限低价之前的最后一次反

弹（的时间周期）时，**买进**。如果最后一次反弹持续了 3～4 个星期，那么当从底部开始的上涨已经持续了 3～4 个星期以上时，就要考虑趋势已经掉头向上，不过在次级回调时买进商品期货会更加安全。

6. 在单种商品期货穿越突破点之后买进。随后市场会处于像脱缰野马一样失控的运动当中，你可以在短时间内从这轮运动当中获得巨大的赢利。

7. 当小麦、玉米、棉花或其他某种商品期货下跌到最高价的 50％位，或极限高价与极限低价之间的区间的 1/2 或 50％位时，**买进**。这是一个安全的买进点。当上一轮上涨出现了 50％的回调时，只要主要趋势向上，这就变成了一个买进点。当小麦、大豆、棉花或其他商品期货回调到先前运动的 7/8、3/4、5/8、3/8、1/4 和 1/8 位时，就要注意它们的行为。如果该商品期货在其中一个点位附近维持了几天或几个星期，这个点位就是一个买进点，同时要设置止损单做保护。记住，1/4、1/2 和 3/4 是最强的阻力位，而且通常都是最佳的买进点，尤其是在主要趋势向上时。

8. 在双重底或三重底买进，或是在第一个、第二个或第三个更高的底部买进，并在小麦、大豆或棉花形成了第二个或第三个更高的底部之后又穿越了前一个顶部之后第二次买进。始终要设置止损单做保护，以防市场反转。**记住，你不可能永远正确**。止损单会在你出错时迫使你离场。尽量赔小钱赚大钱。这就是领先于市场的方法。

9. 高价位上快速上涨时的买进规则：在小麦、大豆、棉花或其他某种商品期货的牛市的最后阶段，回调的幅度很小。在出现了 2 天的回调时买进，并且用止损价低于每天的最低价 1～2美分的止损单在上涨过程中跟进。这样，当前一天的最低价被跌破时，你就会被迫离场。市场有时会连续 10～30 天不会跌破前一天的最低价。

用以确定卖出点的交易规则

当我们说卖出点时，我们指的是应当卖出手中做多的商品期货的点位或应当进行卖空操作的点位。

1. 在老顶或老底卖出：老顶，或小麦或其他商品期货第一次、第二次或第三次反弹所到达的老底，是卖出多头或进行卖空的重要点位。在小麦或其他某种商品期货第四次上涨到同一个价位时卖空通常都是很危险的，因为此时该期货几乎总是会继续走高。当你卖空时，要在老顶或老底上方 1 美分、2 美分或 3 美分设置止损单。对棉花来说，要在老顶上方或老底上方① 20 点、40 点，但不超过 60 点设置止损单。当市场处在 1 美元以上的高价位时，市场就有可能在主要趋势不变的情况下上涨到老顶或老底上方 5 个点。

当小麦、大豆或玉米的价格为 1.25 美元、1.50 美元或 2.00 美元每蒲式耳时，市场就有可能上涨到老顶上方 5 美分或老顶下方 5 美分。但这种情况很少发生，对之前的顶部和底部进行研究就可以证明这一点。当市场非常疲软并且主要趋势向下时，反弹会恰好停在老底下方并且不会上涨到老底上方 2 个点以上。如果市场上涨到了老底上方 3 个点，这就是市场非常强势并可能继续走高的一个标志。

2. 更安全的卖出点：当小麦、大豆、棉花或其他某种商品期货如趋势和交易规则所显示的那样，跌破了前一个星期的最低价或前几个星期的一系列底部时，卖出。

3. 最安全的卖出点：小麦、大豆、棉花或其他某种商品期货已经跌破了前几个星期的顶部，或已经跌破了上一次回调的底部，显示趋势掉头向下之后，在次级反弹时卖出。这种次级反弹几乎总是会出现在一轮熊市行情的第一个阶段中的第一次

---

① 译注：原文是“老底下方”。但根据这里的逻辑关系，应该是“老底上方”。

陡直下跌之后。

4. 在第一次下跌就超过了之前的牛市行情中的最大回调或（市场到达）最终的顶部之前的最后一次回调之后，**卖出**。

5. 在市场穿越突破点之后**卖出**。

6. 当第一次下跌的时间周期就超过了牛市行情最终的顶部出现前的最后一次回调（的时间周期）时，**卖出**。举例说明：如果小麦或其他某种商品期货已经上涨了几个月、1 年或是更长时间，并且期间最大幅度的回调持续了 4 个星期——这是牛市中的正常回调，然后在到达顶部之后，第一次下跌就持续了 4 个星期以上，那么这就是小型趋势或主要趋势变化的一个标志。不过在反弹时卖空会更加安全，因为在趋势非常明确之后，你将是顺势交易。

7. 在陡直下跌的最高价与最低价之间的 50％或 1/2 位卖出，或是在最高价的 50％位卖出，或是在最大的波动区间的 50％位卖出。当小麦、大豆、棉花或其他某种商品期货反弹到了前一轮下跌的 50％时**卖出**。

8. 在双重顶或三重顶**卖出**，或是在市场形成了更低的顶部或底部时卖出。当小麦、大豆或棉花形成了第二个、第三个或第四个更低的顶部时，卖出是安全的；在双重底或三重底被跌破之后，卖出也是安全的。记住，始终要设置止损单并跟随主要趋势进行交易。

9. 在熊市的最后阶段**卖出**，或是在急促下跌中出现了 2 天的反弹时卖出，并且用止损价高于前一天的最高价 1 美分的止损单在下跌过程中跟进。这样当小麦或其他某种商品期货反弹到了前一天的最高价上方 1 美分甚至更多时，你就会因为止损单而被迫离场。快速下跌的市场经常会连续 10～30 天不会穿越前一天的最高价。

顶部和底部意味着什么

为了不把大家弄糊涂，我会对底部的含义进行解释。底部并不是指某一天、某一周或某一个月的最低价；顶部也不是指某一天、某一周或某一个月的最高价。当然，某一天、某一周或是某一个月的最低价就是某一特定日的底部；某个特定月或特定周的顶部就是那一天、那一周或那一个月的顶部。但是，这并不是指买进点或是卖出点。

当我说到**单顶、双重顶**或**三重顶**时，我指的是小麦、大豆或棉花已经上涨到的一个价位，并从这个价位回调到了日线图表或是周线图表上的先前某个底部下方，形成了一个向下的摆动，然后再向上摆动。底部指的就是这个特定摆动的最低价。最后的极限低价就是我所说的最终的底部；最后的极限高价就是我所说的最终的顶部。

单顶和单底：单顶是小麦、大豆、玉米或棉花上涨到的某个最高价位所在的位置，市场在随后几天、几周或几个月都不会第二次到达这个最高价。单底是小麦或其他商品期货下跌到的某个最低价位所在的位置，市场在此形成底部，并且随后几天、几周或几个月都不会再次到达这个最低价。**从单顶下跌，会形成更低的顶部；从单底上涨，会形成更高的底部。**

双重顶和双重底：双重顶指的是价格上涨到某个最高价位，随后回调，接下来又第二次上涨到同一个最高价位。如果这两个顶相隔几周、几个月或是几年出现，它们会更加重要。顶部和底部相隔的时间越久，双重顶就越重要。

例如：如果小麦在某年形成了一个顶部，然后又在一年之后形成了相同的顶部，那么如果没能穿越这个顶部就表明将出现更大的下跌，并且熊市会接踵而至。对于间隔好几年才出现的底部，这条规则同样适用。它们出现的间隔时间越久，当它们形成双重底并维持在这个底部时，接下来出现的上涨幅度就越大。沿着双重顶卖出并设置止损单做保护是**最安全**的；依据双重底买进并设置止损单做保护也是**最安全**的。一般而言，止损单都应该设置在底部下方 2～3 美分。**最安全的止损单**应该设置在老顶上方或老底下方 3 美分，因为这样的止损单被触及的次数最少。

三重顶和三重底：三重顶和三重底是最重要的。通过回顾过去的记录，我们会发现，那些幅度最大的或持续时间最长的上涨和下跌都开始于三重底或三重顶。间隔几周出现的三重底比间隔几天出现的三重底更加重要；间隔几个月出现的三重顶比间隔几周出现的三重顶更加重要；而最重要的行情都开始于**间隔几年**的三重顶或三重底出现时。

例如：如果连续 3 年里，相同的最低价位或最高价位在不同的时间出现，就表明了即将出现**最大的趋势反转**和**最大幅度的上涨或下跌**。因此，注意这些三重顶或三重底是非常重要的。由于它们对于趋势变化意义重大，所以沿着它们所进行的交易也非常重要。

同一个价位上的第四个顶部：这种情形极少出现，但是小麦、棉花或大豆一旦在同一个价位附近第四次形成了顶部，并且没能突破这个价位，这就意味着即将出现**大型的趋势反转和急促的下跌**。根据我们的交易规则，当小麦、大豆或棉花第四次上涨到同一个价位时，趋势几乎总是会反转，并且会突破到**更高的价位**。当小麦等第四次到达同一个价位时，就要密切注意**趋势的重大变化**。

第四次接近同一个最低价位：当小麦、大豆或棉花第四次下跌到同一个最低价位或底部，并且在突破这个价位之前趋势就逆转并掉头向上了，这就是**价格将大幅走高**的确切标志。因为大多数情况下，当下跌出现并且市场第四次到达同一个价位时，市场通常都会突破到更低的价位。当市场第四次跌破了底部时，始终要遵循这条交易规则。我们可以预期市场将大幅走低并且只有小幅反弹。

记住，商品期货停留在最低价位的时间比停留在最高价位的时间长得多。在一轮长时间的下跌之后，市场需要时间来进行吸筹和建立信心，而且要经过一段时间公众才会再次开始大规模地买进。

28 条重要的交易规则

要想在商品期货市场上交易成功，交易者必须有明确的交易规则并遵循它们。以下给出的交易规则是建立在我个人经验的基础之上的，任何遵循这些交易规则的人都能取得成功。

1. 投入的本金数额：将自己的本金分为 10 等份，在任何一笔交易中，永远不要拿超过 1/10 的本金去冒险。

2. 设置止损单：始终在距离交易价位 1～3 美分的位置设置止损单做保护，距离永远不要超过 5 美分；棉花的止损单则应该距离 20～40 个点，永远不要距离超过 60 个点。

3. 永远不要过度交易。过度交易将违反上述有关本金的交易规则。

4. 永远不要让赢利变成损失。一旦获得的赢利达到或超过 3 美分，就要升高止损价位，以便本金不会遭受损失。对棉花来说，一旦赢利达到或超过 60 个点，也要在不会使我们遭受损失的位置设置止损单。

5. 不要对抗趋势。如果根据自己的图表和交易规则无法确切地判断出趋势，那么就不要买进或是卖出。

6. 心存疑问时立即离场，更不要在心存疑问时入市交易。

7. 只在活跃的市场上进行交易。远离呆滞的死期货合约。

8. 平均分散风险。如果可能的话只交易 2～3 种商品期货。避免将自己所有的本金都放在一种商品期货上。

9. 永远不要限价委托或者说设定买进或卖出的价格。要进行市价委托。

10. 不要无缘无故地平仓。始终坚持设置止损单保护自己的赢利。

11. 积累盈余。取得一系列的交易成功之后，将一些资金存到盈余账户，以便在遇到紧急情况时或是恐慌时期使用。

12. 永远不要仅仅为了获得蝇头小利而买进。

13. 永远不要摊平损失。这是交易者可能会犯的最严重的错误之一。

14. 永远不要因为失去耐心而离场，也永远不要因为迫不及待而入市。

15. 避免小赢利大亏损。

16. 如果进行交易时设置了止损单，就绝不要撤销。

17. 避免过于频繁地进出市场。

18. 做多与卖空要有同样的意愿，使自己的目标与趋势保持一致，并因此赚钱。

19. 不要仅仅因为某种商品期货的价格低而买进；也不要仅仅因为某种商品期货的价格高而卖空。

20. 注意不要在错误的时间加码。要等到商品期货变得非常活跃并穿越阻力位之后才能加仓买进；要等到商品期货跌破派发区间之后再加仓卖空。

21. 做多时选择显示出强劲的上升趋势的商品期货合约进行加码；卖空时则选择显示出明确的下降趋势的商品期货合约。

22. 永远不要对冲。如果我们做多的某种商品期货合约开始下跌，不要通过卖空另一种商品期货合约来进行对冲。以市价卖出离场，认赔并待下一次机会。

23. 永远不要无缘无故地改变自己在市场中的头寸。进行交易时要有充分的理由，或是根据清晰的交易计划，一直到出现趋势变化的确切标志后再离场。

24. 避免在长期的成功或赢利之后增加自己的交易规模。

25. 不要猜测市场何时见顶，让市场自己去证明何处是顶部；不要猜测市场何时见底，让市场自己去证明何处是底部。

通过遵循明确的交易规则，我们就能做到这一点。

26. 不要听从他人的建议，除非知道他比自己懂得多。

27. 第一次亏损之后减少交易，绝不要增加。

28. 避免错误进场且错误离场；避免正确进场却错误离场。这是加倍犯错。

当我们决定进行一笔交易时，一定要确保自己不会违背这28条交易规则当中的任何一条。这些交易规则对我们的成功至关重要。

当我们因为亏损而平仓时，对照这些交易规则看看自己违反了哪一条；然后下一次不要再犯同样的错误。经验与研究将使我们相信这些交易规则的价值，同时观察与研究将引导我们总结出在商品期货交易上取得成功所需要的正确而实用的理论。

顶部和底部

更高的底部和更高的顶部：供求关系支配市场运动，如果要把商品期货推升到更高价位，就需要买盘力量大于卖盘力量。当卖压大于买力时，小麦、大豆、棉花和其他商品期货就会走低。在商品期货形成底部并开始上涨之后，如果它们不断形成更高的底部和顶部，趋势就是向上的；它们必须形成更高的底部和顶部才能表明强劲的牛市。因此，注意第一个、第二个、第三个和第四个更高的底部是非常重要的，并且记住始终要在每一种商品期货中使用“三”的规则。第三个更高的底部与同一个价位上的三重底同样重要，因为第三个更高的底部表明市场正在增加力量，并且正在获得良好的支撑。如果市场在一次摆动中形成了第三个更高的底部，并且突破到了一个新的高价，或是穿越了上一个顶部阻力位，这就是市场将继续大幅走高的标志。

更高的顶部和更高的底部：如果市场要继续上涨并显示出

牛市，就一定会不断抬高它的底部和顶部；然而，市场也可能会长时间停留在一个交易区间内，期间不会形成任何低于前一个顶部的顶部，但是一旦它**突破到一个新高区间或是新低区间**，就预示着**更大的价格区间**。一个下跌的市场一定会不断压低它的顶部和底部，因为这表明了何时压力正作用于市场或是何时支撑大于卖压。

更低的顶部和更低的底部：当市场形成了最终的顶部并且卖压大于买力时，市场必定会自然下跌，而且会形成更低的底部和更低的顶部，因为趋势已经掉头向下。

穿越老顶或跌破老底：当小麦、大豆或其他某种商品期货穿越了（先前的）老顶，或者说上涨到了先前各轮行情的各个最高价上方，那么不管这个老顶是一个周线的顶部还是一个月线的顶部，这都表明了买盘力量的增强与趋势的变化。穿越这些老顶之后，市场通常都会继续上涨 3～5 美分，然后便会下跌到老顶所在的价位水平，有时会下跌到老顶下方 2 美分，但很少会下跌到老顶下方 3 美分。因此，当市场回调到老顶时，此处就是一个安全的买进点，或者我们可以在老顶下方 1～2 美分买进，并且用止损价距离买进价 3 美分的止损单做保护。

当某种商品期货在周线图表、月线图表或摆动图表上跌破了老底或是先前的底部时，就表明趋势已经掉头向下。这就是为什么此时卖空小麦或其他某种商品期货，并设置距离买进价 2～3 美分的止损单是安全的原因所在。市场可能会走低 5 美分或者更多，但随后便会反弹回到这些老底。有时市场会反弹到这些老底上方 1～2 美分，但很少会反弹到其上方 3 美分。规则就是，老底变成顶部；老顶变成底部。曾经的天花板（上限）[①]随后变成了起点[②]、底部或买进点；曾经是起点或底部的点位被跌破之后，在市场反弹时就变成了天花板（上限）、顶部或卖

① 译注：上涨的极限价位。
② 译注：新行情的起始点。

出点。

次级反弹或更低的顶部：小麦或其他某种商品期货在一轮长时间的上涨并到达了最终的最高价后，牛市行情就结束了。随后，通常都会出现一轮陡直而剧烈的下跌。这轮下跌会持续1～2周，也可能会持续3周或1个月。在第一轮的陡直下跌之后，市场可能会在一个狭窄的交易区间内停留10天或2～3周，某些情况下（时间）可能会更长。

此后，会出现一轮次级反弹，反弹有时会上涨到老顶附近，有时会差很多点才能到达老顶。通过回顾过去的记录，我们会发现，市场很少会不出现这种次级反弹。当这种次级反弹出现时，尤其是在趋势已经掉头向下之后出现时，在这种反弹时卖空就是最安全的，因为从那时开始下跌会加速，反弹则会更小。

既然知道这样的次级反弹通常都会出现，我们就要总是在第一次陡直崩跌时回补空头，然后为了次级反弹而买进。一定要等到市场已经发出趋势正在再次掉头向上的信号之后再买进。卖空，尤其是第二次卖空，最安全的位置是在次级反弹到达顶部之后，当市场跌破前一天或前一周的摆动运动的底部，表明主要趋势再次向下的时候。

次级下跌或更高的底部：在一轮熊市行情结束并形成了最终的底部之后，不管它是以一轮陡直而剧烈的下跌还是缓慢的下跌结束的，通常都会出现一轮持续几周至两个月的快速反弹。随后便会出现一轮**次级回调**并形成一个**更高的底部**。**这个底部是最安全的买进点**。虽然我们总是应当尽量在最低价附近买进，但此时应当等到趋势显示出确切的变化信号再买进。永远不要猜测。如果我们猜测，我们就有可能错过底部和顶部许多个点。如果等待确切的信号并遵循交易规则，我们就可以在接近顶部和底部的位置进场。

注意第一个、第二个和第三个更低的顶部，因为这些顶部很重要；第三个更低的顶部和**同一个价位上的**三重顶一样重要，并且它是为了等待更大的下跌而卖空的安全位置之一。记住，市场经常会在进行派发时形成**两个或三个**向上摆动，因而在大幅崩跌或长时间的熊市行情开始之前会形成两个或三个更低的顶部。

更高的底部和更低的顶部：这是市场正处在某个交易区间内时经常发生的情形。底部逐步爬升，不断形成略高的底部和更低的顶部。当市场正在趋于平衡并为某个方向上的突破做准备时，就会出现这样的情形。在形成了一系列更高的底部和略低的顶部之后，如果市场穿越了这些顶部，就表明市场将大幅走高。反过来，如果市场第一次跌破了某个重要的底部，就表明支撑已经消失，下跌将持续。

未能在牛市中穿越先前顶部的商品期货：许多商品期货并不会跟随牛市行情。如果小麦或其他某种商品期货已经上涨了一段时间，并且未能穿越先前的顶部，就表明它们没有处在强势形态当中，因而**我们不应该买进它们**。始终要买进那些根据所有交易规则都显示正处于强势形态的商品期货。如果它们未能穿越老顶，而且时间周期尚未走完，尽管它们之后可能会穿越老顶，我们最好还是等到它们显示出确切的标志再买进。在熊市开始时，这些商品期货中的某些商品期货通常是最好的卖空对象。

未能在熊市中跌破老底的商品期货：熊市中经常会存在少数强势的商品期货。尽管它们可能不会逆趋势而上涨，然而，它们当中有一些最终会（运行）与趋势完全相反的运动。它们不会跌破老底。它们不属于应该卖空的商品期货，因为它们处于更加强势的形态。在熊市中，始终要选择那些跟随趋势的商品期货进行卖空。我们的交易规则是：顺势交易最能赚钱。有时玉米会严重欠收，而小麦则会大获丰收。这样玉米就会出现大幅上涨，而小麦则会下跌或维持在一个狭窄的区间内。

商品期货的活跃周期：单独研究每种商品期货的行为，这样我们就能够判断其趋势与活跃周期。因此，拥有小麦和其他单种商品期货前几年来的记录，并确定这些老顶和老底的位置非常重要。这样我们就可以知道它们将何时被穿越或跌破。

记住：**给市场时间，让它显示趋势**。长时间的下跌之后，商品期货的吸筹需要时间；长时间的上涨之后，商品期货的卖出或派发也需要时间。通过研究过去运动的记录，我们就可以判断发生大的趋势变化之前市场在顶部或底部所需要的时间。当市场跌破几年以来形成的各个老底时，就意味着市场正处在一种**非常弱势的形态**并将**大幅走低**。另一方面，当市场穿越几年以来形成的各个顶部时，就意味着买盘力量正在增加，小麦或其他商品期货即将大幅走高。

平底和平顶：市场经常会延展很长一段时间，期间会形成低于这轮运动的极限高价的平顶；同时也会形成平底，并在一个狭窄的交易区间内运动。当某种商品期货到达这个阶段时，我们必须仔细观察并等待它突破到前一个顶部之上或是跌破到前一个底部之下。当市场到达极限低价时，它经常会形成一个长而狭窄的区间，这就是我们所说的平底。此时在市场运动出这个平坦的区间，穿越顶部显示向上的趋势或跌破底部显示趋势反转和市场即将走低之前，我们不能判断趋势已经明确变化。

内部运动：我所说的内部运动，指的是小麦、玉米、大豆或棉花在一个区间内维持数天、数周或数月。这是一段休整期，此时市场正在准备或等待趋势变化前的某个重要事件的发生。小麦市场可能会在一周、一个月或几个月中形成一个15～20美分的区间。随后几个月或几周小麦市场可能都不会跌破这个时期的底部或穿越顶部。这就是我们所说的“内部运动”，因为运动处在前一个最高价与最低价的区间内。只要市场处在这个区间内，就不会显示出任何明确的趋势，直到它突破，无论是穿越顶部还是跌破底部。研究过去的记录，我们就会发现一些这样的时期。

顶部形态和底部形态

单底[①]：这种底部[②]可以是一轮陡直而快速的下跌，后面跟着一轮快速的上涨；还可以是一轮缓慢的下跌，后面跟着一轮从底部开始的快速反弹，这轮反弹在上涨到更高价位之前不会出现次级回调。单底是一轮陡直的下跌，后面跟着一轮反弹，并且只会一次到达相同（的底部）价位。

“U”形底或平底：“U”形底是这样一种形态，即小麦或其他某种商品期货在一个狭窄的交易区间内停留 3～10 周，或是更长时间，期间好几次形成大致相同的顶部和大致相同的底部；随后穿越这些中间的顶部就形成了“U”形底或平底；同时，穿越这些中间的顶部时就是突破点——最安全的买进点。

突破点：突破点是指在（底部的）时间周期消耗完后，真正的快速运动起始点和主要趋势的变化点。只要趋势持续下去，这就是一个快速赢利的安全买进点或是卖出点。研究关于突破点的例子，我们就可以发现它们的巨大价值，并且也可以向我们自己证明，通过在突破点之后买进或卖出，我们可以在最短的时间内获得最大的赢利。

在底部或顶部耗费大量时间完成了吸筹或派发之后，就会出现**突破点**。如果在这个点位买进或卖出商品期货，我们将非常快速地获利。

仔细研究成交量、空间和价格运动，以及最后的也是最重要的时间周期。相似的市场行为通常会相隔几年之后出现在相同的月份附近。

仔细研究不同类型的底部形态——尖底、双重底、三重底、

---

① 译注：原文的标题是“单顶和单底”。译者认为：从“顶部形态和底部形态”这一节的结构和本段的内容来看，这里的小标题应该只是“单底”。

② 译注：原文这里是顶部，译者根据前注，处理为“底部”。

平底和不断上升的底部。

“W”形底或双重底：当小麦或其他商品期货下跌并形成了底部，随后反弹 2～3 周或更长时间，接下来又下跌并第二次在同一个价位附近形成底部，然后上涨并穿越了前一个顶部，这样它就形成了一个“W”形底或双重底。在它穿越（第一次反弹的）顶部或者说“W”的中间点时买进就是安全的，因为这就是突破点。

“WV”形底或三重底：这是继双重底之后形成的第三个更高的底部①；或者说同一个价位附近形成的三个底部。当小麦或其他商品期货已经形成了一个横向的“W”和“V”，并且穿越了“W”的第二个顶部，买进就是安全的。

“WW”底部或四重底形态：这种形态显示出了第一个、第二个、第三个和第四个底部。最安全的买进点是突破点，或者说小麦或其他商品期货在穿越第二个“W”的中间点时。

我们应该仔细研究不同类型的顶部——尖顶、平顶、双重顶、三重顶和不断下降的顶部。

单“A”形顶或尖顶：在一轮长时间的上涨之后，或是在一轮牛市行情结束时，小麦或其他商品期货经常会形成一个单独的尖顶，即先上涨 17～26 周或更长时间，期间仅伴有小幅的回调，这些回调有时会持续 10 天到 2 周，随后便出现一轮陡直而快速的下跌。在随后的一次反弹或是次级反弹时卖出是安全的，不过在它跌破“A”的前一条腿（“A”的左下端）或者说跌破第一轮陡直下跌的底部时，卖出会更加安全。

倒“U”形顶或平顶：当小麦市场停留在一个狭窄的交易区间内，期间在同一个价位附近形成了好几个顶部，并且回调的各个底部也处在同一个价位附近，这样就形成了倒“U”形顶或平顶。当它跌破到周线上的一系列底部下方时，卖空就是安全的。

① 译注：这种情形指的是前面提到的“不断抬升的底部”。

“M”形顶或双重顶：当小麦或其他商品期货在一轮大幅上涨之后到达了顶部，随后又回调了3～7周或是更长的时间，接下来再次反弹到同样的顶部附近，这样就形成了“M”形顶或双重顶。然后当小麦下跌并跌破到上一次回调的最低价下方或者说“M”的中间点下方时，卖空就是安全的。

“MA”形顶或三重顶：当小麦、大豆或棉花在同样的价位附近形成了3个顶部，并且第二个和第三个顶部略低时，就出现了这样的形态。如果这种形态形成于长期上涨后的顶部，那么它就是大型下跌的信号。它在顶部停留的时间越长，大幅下跌的信号就越强烈。当小麦跌破上一个底部或者说“M”的末端，卖出就是安全的，不过在它跌破“A”的底部时卖出会更加安全，因为这个底部就是突破点。

“MM”形顶或四重顶：当小麦或其他商品期货在同一个价位水平或略低的价位水平形成4个顶部时，就出现了这种形态。当小麦跌破第二个“M”的第二个最低点或者说最后一次回调的最低价时，卖空是最安全的。

市场行情的各个阶段

牛市：小麦或其他商品期货的一轮牛市或熊市行情通常会运行3～4个阶段。

第一阶段：在最终的底部之后开始上涨，随后出现一轮次级回调。

第二阶段：上涨到更高的价位，超过了前几周的各个最高价和第一轮上涨的最高价，接下来出现回调。

第三阶段：上涨到这轮运动的新高。多数情况下，这都意味着这轮行情的结束，不过在判定第三阶段的上涨意味着主要趋势的改变之前，我们必须先等待表明这一点的确切标志。

第四阶段：（一轮牛市）通常在第四阶段都会运行完毕；而且这第四次运动或上涨对于观察一轮牛市行情的结束和趋势的

变化是最重要的。

运行时间在 1 年或 1 年以下的短周期小型牛市行情，通常都会在 2 个阶段内运行完毕；尤其是在第一个阶段是从一个尖底开始的情况下，一定要注意第二次上涨之后的市场行为，观察它是否正在形成顶部，以及是否发出了趋势变化的信号。

熊市：熊市的运行与牛市相反。

第一阶段：先是出现一轮改变主要趋势的陡直而剧烈的下跌，随后出现一轮次级反弹。在这次反弹时卖空商品期货会更加安全。这次反弹标志着第一阶段的结束。

第二阶段：出现第二次下跌并下跌到更低的价位，接下来出现一轮不大不小的反弹。

第三阶段：出现第三次下跌或运动并到达更低的价位，这可能会是本轮行情的尾声。

第四阶段：经常会出现第四次运动，此时我们必须密切注意底部的出现。为了判断该底部是不是最终的底部，我们要运用所有其他的交易规则，观察老顶、老底和阻力位，以寻找主要趋势已经准备好改变的确切标志。

运行时间在 1 年或 1 年以下的短期小型熊市行情通常都会在 2 个阶段内走完；尤其是在第一个阶段是从一个尖顶开始的情况下。因此，一定要注意第二下跌之后的市场行为，观察它是否正在形成底部，以及是否发出了趋势变化的信号。

在某些极端情况下，像 1915～1920 年和接下来的 1920～1921 年的熊市行情，以及 1923～1925 年的牛市，出现了多达 7 个阶段的上涨或下跌。但这种情况是不正常的，而且通常要时隔很多年才会再次出现。回顾所有我们已经知道的行情，我们就会发现这些阶段或运动是如何出现的。

如何通过空间运动来判断主要趋势的变化

当某次下跌的美分数超过了先前最大跌幅 1 美分或更多时，

这就是一个趋势变化的标志。

在一轮牛市行情中，当市场运行完了 3 个或更多个阶段时，我们就要回顾之前的记录，找出在所有阶段的回调中出现过的最大幅度，无论是 10、15、20、30 美分，还是更大幅度的回调。假设小麦已经上涨了很长一段时间，并且这轮牛市当中最大的回调是 10 美分，而市场已经到达了这轮行情的第三或第四阶段。那么，当小麦或其他商品期货的崩跌第一次超过最大的回调幅度 10 美分或是更多时，这就表明了主要趋势已经改变，或是很快就要改变。

这并不意味着这个明确的反转信号出现之后就不会再出现反弹。在牛市中，第一个趋势变化的信号出现之后，通常都会出现一轮次级反弹。在顶部进行派发时，必定需要一定的时间。因此，不要仅仅因为我们获得了一个主要趋势已经改变的确切标志，就立即得出结论，认为我们此时卖空是正确的，而且此后将不会再出现反弹。如果可能的话，始终要在反弹时卖出。不过，也有一些时候我们可以在市场跌破底部之后所形成的新的最低价卖出。要通过运用我所有的交易规则来判断。

时间周期： 这是判断主要趋势何时改变的另外一种途径。

交易规则： 当一轮行情已经走完 3 个或 4 个阶段，并且回调的时间周期超过了先前最长的回调时间时，就要考虑主要趋势已经改变了。

回顾过去的记录，并从这轮牛市中的所有小型顶部或是先前几个阶段的回调中，找出最长的时间周期。如果我们发现最大的回调持续了大概 4 个星期，那么市场第一次连续下跌 5 个星期或更长时间，就表明主要趋势已经改变，而且我们应该在次级反弹时卖空小麦或其他商品期货。

在熊市当中，这条交易规则同样适用。在一轮熊市行情当中，当空间运动或是小麦或其他商品期货（在本轮熊市期间的）反弹的点数被超过时，此时，主要趋势正在改变，牛市行情正在开始。

在一轮牛市或熊市中，无论是上涨还是下跌，在第二次运动或是第二阶段之后出现的空间运动的反转所意味的趋势变化，并没有在第三或第四阶段已经运行完毕后出现的空间运动的反转那么重要。

市场在狭窄的区间内停留数周：当小麦或其他商品在一个狭窄的区间内维持了 2～6 周或 10～13 周，随后穿越了前几周的那些顶部或跌破了那些底部，就说明趋势已经改变，我们应该跟随趋势。在一个狭窄的区间内停留的时间周期越长，小麦突破这个区间时，不管是向上还是向下突破，所出现的上涨或下跌幅度就越大。

横向运动：我们经常会听交易者说：小麦只会以两种方式运动，上升或下降，因此要与市场保持一致应该很容易。这种说法并不准确。如果小麦或其他商品期货始终直上直下的运动，要获利就很容易了，但它们经常出现横向运动。当它们处于这类运动当中时，有时会在一个狭窄的交易区间内停留几个星期甚至几个月，既不会超过上一个顶部也不会低于上一个底部。这类运动会屡次三番地愚弄交易者并导致他们出现亏损。小麦开始上涨时，他们认为它将继续上涨，结果它却停下来，然后回调并回到老底附近；此时他们又认为它将继续下跌，因此卖空小麦，结果它却停下来，然后再次上涨。当小麦或其他商品期货处于这类形态时，我们唯一该做的就是不要碰它，要等它向上或向下突破特定的区间。等到它摆脱常常属于吸筹或派发的横向运动并进入新的高价或低价区间之后，我们就可以在基本已经判断出正确趋势的前提下进行交易了。

遵循这条交易规则将使我们省下几个月或是几周的等待，并能免受损失，因为如果等到市场进入新的价位区间之后再进场，我们肯定会有更好的机会来设置止损单做保护，以便在市场万一没有继续朝着对我们有利的方向运动时迫使自己离场；但是，如果我们在（商品期货）处在两点之间的横向运动时进行交易，获利的可能性就会小很多。这类横向运动是市场休整并为某个方向上的新一轮运动做准备的时期。

横向的吸筹或派发：在一轮市场已经上涨到了第三或第四阶段，随后出现了一轮陡直的下跌和反弹之后，它经常会在一个区间内停留很长一段时间，同时进行**横向派发**。这个区间的顶部可能会在极限高价下方几个点。在**解读形态**时，注意派发区间的最高价与最低价之间的区间是非常重要的。在这个横向派发区间的顶部卖空小麦是安全的，不过在小麦跌破这个区间的最低点时卖空会更加安全，因为这个最低点就是突破点。

在一轮熊市行情的尾声，第一轮陡直的上涨之后，会出现一轮次级回调，随后便会出现一段长时期的**横向吸筹**，期间会好几次上涨到吸筹区间的顶部之后又回到该区间的底部。市场在这个区间的底部是一个买进点，不过在市场穿越这个区间的顶部时买进会更加安全，因为这个底部就是突破点，而且穿越这个顶部就是一个快速上涨的信号。

牛市或熊市的最后阶段：在快速上涨的市场当中，在行情的最后阶段，随着市场越走越高，回调会变得越来越小，直到行情的最后阶段或者说最后的运行结束。然后便会出现一轮陡直而快速的回调，趋势随之反转。

在一轮熊市的最后阶段，在跌破所有的老底和阻力位之后，随着市场越走越低，反弹会变得越来越少，并且幅度也会越来越小。因此，买进的人没有机会在反弹时卖出，直到市场到达最终的底部并出现第一次反弹。

这就是为什么在牛市或熊市的最后阶段对抗趋势毫无益处的原因所在。

最低价上方的吸筹：这是吸筹的位置，同时是很好的买进位置。市场先是下跌并形成尖底，随后反弹，接下来回调，然后在远高于老底上方的位置进行横向吸筹，这表明了市场的强势，因为它正在底部上方的一个狭窄区间内上下运动。有人没有等到市场回到老的最低价位就在买进，因为他们知道套现已经结束，小麦、大豆或其他商品期货将不会回到这些老的最低价位。**在更高价位的横向吸筹之后**，要注意较高的价位何时被**穿越**，趋势何时**掉头向上**，然后跟随趋势。

底部的区间：永远不要在前几周的底部被跌破或前几周的顶部被穿越之前，就认为一轮大型或小型趋势已经反转或改变。小麦或其他商品期货究竟应该跌到底部以下几个点才表明趋势已经变化，这取决于小麦或其他商品期货正处在什么样的价位。我们把1～3美分这个区间视为双重底、三重底或双重顶、三重顶的区间。在一轮强势的市场中，小麦仅仅会跌破到底部下方1美分。在某些极端情况下，也不会超过2美分。一般而言，当底部被跌破了3美分，就表明市场在出现任何重大的反弹之前将继续走低。

顶部的区间：顶部的区间——双重顶的区间大概是3美分。这种顶部处在1～3美分的区间内都仍然被看做是双重顶和三重顶。上涨到某个老顶上方1～2美分并不总是表明主要趋势已经改变以及商品期货将立即上涨；但是，上涨到老顶上方3美分就几乎总是该商品期货将继续走高之后才会大幅回调的确切标志。在牛市或熊市结束时，经常会形成一些佯动，随后便会出现快速的趋势反转。

商品期货在上涨到老顶上方之后应该下跌到老顶下方多远

如果小麦或其他商品期货上涨到了老顶上方，随后又出现了回调；如果要仍旧显示出上涨趋势，它们就会恰好停在老顶附近，或者有时会下跌到老顶下方1～2美分，但很少下跌超过3美分，从而处于强势形态。不管小麦的价位有多高，下跌到老顶下方5个点以上都表明趋势已经逆转，此时的小麦不但不会走高，还会走低一段时间。当下跌到老顶下方5美分时，它仍然可能处在牛市当中，这完全取决于市场正处在哪个阶段。根据交易规则，最后一个阶段的信号是最重要的。

为何商品期货在高价位时运动更迅速，低价位时运动更缓慢

小麦走得越高，运动得越迅速，赢利的机会越大。原因在于，绝大多数的公众买进和卖出都是在低价位进行的。当小麦已经在低价位（如 75 美分或者更低）徘徊了很多年且公众已经大量买进以后，它就会上涨到 90 美分附近，于是公众继续买进。当它到达 100 美分或这个数字附近时，公众要么全部卖出，要么因为变得过度自信而进场买进更多，这使得小麦出现大幅下跌。当公众兑现赢利时，内部人士会买进，因为他们知道小麦的价值高于此，因此稍后将继续走高。

当公众的卖单被全部吸纳之后，买方就更容易快速拉抬小麦了，因为他们不会遭遇沉重的卖压。当小麦到达 180～200 美分附近时，总是会出现大量的空头回补，以及（先前）以更低价位买进小麦的人兑现赢利。一般公众不会交易价位在 2.00 美元以上的小麦。因此，在小麦或大豆穿越这一价位之后，就是专业的空头与支撑该商品的资本雄厚的金融利益集团之间的战斗了。小麦或大豆从 2.00 美元运动到 3.00 美元所需要的时间，可能比它从 50 美分运动到 1.00 美元所需要的时间还少，因为此时交易它的都是大户，他们都是进行大规模的买进或卖出。每一种商品期货都一定会到达这样一个价位，在这个价位上内部人士将大量卖出以阻止其上涨，并促使其主要趋势掉头向下。之后，交易者卖空高价小麦的机会便来了，但他必须等到自己的图表和交易规则显示主要趋势已经掉头向下。

在熊市中小麦能下跌到老底下方多远

在熊市中要把我们刚才讨论时所给出的交易规则颠倒过来。

当小麦或其他商品期货上涨到了老底上方时，你应该进行卖空，因为此时底部变成了顶部，顶部变成了底部。它们不应该上涨到老底上方 1～2 美分以上；在极端情况下，则不应该上涨到老底上方 3 美分以上。当小麦或大豆处在高价位时，如果它们上涨到了老底上方 5 美分以上，就表明它们将继续走高，而不会立即跟随主要趋势走低。

快速上涨或下跌的幅度超过了 5～7 美分或 10～12 美分的区间

无论市场是非常活跃还是处在一个交易区间内，当市场相当活跃时，所有的迹象都会更准确、更有价值。

在小麦或其他商品期货已经上涨了一段时间并且已经走完 3 个或 4 个阶段之后，如果它们在某个区间内出现了好几次 10～12 美分的上涨或下跌，并且形成了好几个底部和顶部，这就表明它们在进行吸筹或派发。当这种区间的底部被跌破时，就表明小麦或其他商品期货将继续走低；当这种区间的顶部被穿越时，就表明小麦或其他商品期货将继续走高。仔细研究横向吸筹区间和横向派发区间。

一轮正在上涨的市场可能会出现好几次 10～12 美分的回调，然后就会出现一轮 20～24 美分的回调。在一轮上涨之后，如果市场从某个顶部下跌了 20 美分以上，那么它通常都会下跌 30～40 美分。回顾商品期货处在非常高的价位时的记录，你便可以证实这条交易规则的价值。

如何获取最大的赢利

通过跟随主要趋势进行长线摆动操作，你可以获得最大的赢利。如果在市场上抢进抢出，试图捕捉微小的赢利，你永远也不会赚不到大钱。如果你愿意花时间去研究如何判断主要趋势，然后跟随主要趋势一直到它走完全程，并在获得趋势变化的确切标志后才离场，你就能获得巨大的赢利。每年交易三四次并获得巨大赢利，远远好过一年交易100～200次。因为后一种方式其中一半时间都是错误的，所以最终以净亏损而告终。

要把**"跟随主要趋势，永不对抗主要趋势"**作为你的行为准则。如果你不知道趋势是什么，就不要进场。如果你愿意学习我所给出的交易规则，并回顾足够长时间以来的记录，你就会使自己相信可以通过遵循交易规则来获利；并且如果跟随主要趋势，就不会错过赚钱的机会。你会意识到，有时，如果你置身场外并等待确切的标志和真正的机会——如果你愿意等待，这样的机会一定会到来，你终会获得回报。

第三章　商品期货运动的预测

重要的时间周期

时间在所有的因素中是最重要的。任何大型运动只有在经历了足够的时间之后才会开始向上或是向下运动。**时间**因素将会打破空间与成交量这两个方面的平衡。当时间到了，无论是向上还是向下，空间运动都会开始，并且大的成交量也会出现。在任何重要运动结束的时候，无论是月线、周线还是日线，都必须允许有足够的时间派发与吸筹，也就是买进与卖出的完成。

在没有考虑过从顶部到底部的阻力位、市场的强弱形态，或是特定商品期货的自身循环的情况下，绝对不要做出主要趋势已经发生这样或那样变化的判断。

在判断行情逆转之前，一定要考虑主要时间限制是否已经运行完毕。对于重要顶部与底部的判断，不能忘记考虑时间的标志。

年线的底部与顶部：注意一种商品期货是否每年都在形成更高或是更低的底部非常重要。例如，如果一种商品期货连续5年都形成了更高的底部，随后的一年出现的底部却低于前一年，这就是一个逆转的信号，并可能预示着一轮长期向下的循环。当谷物或是其他商品期货在一轮熊市中持续几年形成了更低的顶部时，适用同样的交易规则。

在**预测商品期货的月线运动**时，如同年线一样，也能够依据同样的交易规则做出判断。

在一个重要的底部加上 3 个月，随后加上 4 个月，一共是 7 个月，就可以得到较小的底部和回调的点数。

大型向上摆动中的回调经常不会持续 2 个月以上，第 3 个月就会向上；同样的交易规则适用于年线，2 年向上之后，第 3 年也会向上。

在极端市场中，一轮回调有时候仅仅持续 2～3 周的时间，随后就会重新上涨。在这样上涨的方式中，市场可能持续向上 12 个月，期间每一个月的底部都不会被跌破。

牛市中的小型趋势可能会逆行向下运行 3～4 个月；随后就会掉头向上，再次遵循主要趋势。

熊市中的小型趋势可能上涨 3～4 个月，随后逆转并跟随主要趋势。通常，谷物在熊市的反弹不会超过 2 个月；在随后的第 3 个月就会开始崩跌去遵循主要的下降趋势。

预测周线运动：周线运动提供了趋势中下一轮重要小型变化的信息，这种变化有可能被证明是趋势的主要变化。

在一轮牛市中，谷物将经常向下运行 2～3 周，也可能是 4 周，随后就会逆转并再次跟随主要趋势。经常在第 3 周的中间趋势就会掉头向上，并在第 3 周结束时会以更高的价格收盘，市场在主要趋势的反方向仅仅运行了 3 周的时间。在有些情况下，趋势的变化要到了第 4 周才会出现；随后发生逆转，谷物在第 4 周结束时以更高的价格收盘。在熊市中这条规则要颠倒过来使用。

一轮伴随着大成交量的快速上涨运动经常会运行 6～7 周才会在趋势中出现小型逆转，并且在一些情况下，例如在 1916—1917—1924—1925—1933—1937—1941 这些年中，这样的快速运动持续了 13～15 周的时间，也就是 1/4 年；在极端的情况下，持续的时间会更长。这类极端的运动向上或是向下都可以。

重要的时间周期。由于 1 周有 7 天，7 乘以 7 就是 49 天，所以 7 周经常标志着重要的转折点。因此，你可以从重要的顶部或是底部的 49～52 天注意观察，虽然有时变化会在 42～45

天的时候开始，因为45天是1年的1/8。另外要注意观察行情的结束点是90～98天，接下来是120～135天，起始的时间是从这轮快速运动开始时的任何重要顶部或是底部。

在小麦或是其他商品期货已经下跌了7周之后，可能另外会有2～3周的窄幅运动，随后就会掉头向上，这样就会与月线在第3个月发生变化的规则相一致。

我们总是要注意观察一种商品期货的年度与季度趋势，并考虑该商品期货究竟是处于熊市年还是牛市年。在牛市年中，月线图表会显示向上，并在谷物中会有很多次2～3周的回调，随后会休整3～4周，接下来就会上涨，并进入新的区间，上涨会持续6～7周，甚至更长的时间。要注意观察这些在一个交易区间的休整周期。

一种商品期货在形成顶部并且回调了2～3周后，随后的反弹会持续2～3周的时间，但是反弹不会超越第一个顶部；接下来就会在一个交易区间停留几周。在这个期间，价格既不会穿越这个区间的最高点，也不会跌破最低点。当市场处于这种情形的时候，你可以在接近区间的低点时候买进，在接近高点的时候卖出，止损单要设置在交易区间外的1～3美分的位置。更好的策略是一直等待该商品期货显示出确切的趋势之后再买进或是卖出。随后在小麦或是其他商品期货穿越了交易区间最高点的时候买进，或是在跌破了最低点的时候卖出。

预测日线运动。日线运动提供了最早的小型变化，并且遵循周线和月线循环的同样规则，尽管日线运动仅仅是它们很小的组成部分。

2日运动。在快速的市场中，与市场主要趋势方向相反的运动仅仅会持续2天，并且会在第3天就会恢复与主要趋势方向一致的向上或是向下的进程。参看大豆1941年的例子和图表。

一轮日线运动可能与趋势相反并仅仅持续运行7～10天，随后就会再次跟随主要趋势。

趋势中的月线变化。在一个月中，趋势的自然变化大约会发生在6～7日、9～10日、14～15日、19～20日、23～24日，以及29～31日。这些小型运动的发生会与特定商品期货的顶部和底部相一致。

从前一个顶部或是底部开始的30天是一个非常重要的观察趋势中变化的时间点。接下来要观察变化的（时间点）是距离顶部或是底部的60天、90天和120天。180天，也就是半年的时间是最重要的，经常会形成更大运动的变化。你要观察距离重要顶部或是底部270天和330天附近重要的小型运动，这些重要的小型运动经常也是主要的变化。

观察趋势变化的重要日期

1月2～7日和15～21日：在每一年的这些时期观察，要注意最低价和最高价的形成。无论是价格穿越了最高价还是跌破了最低价，都要考虑趋势是否向上或是向下。

商品期货有很多次在1月的早期形成了最低价，在接下来的7月或是8月前，有时候甚至是全年之内，这个最低价都不会被跌破。同样的规则可以应用在主要趋势向下的熊市中。最高价出现在1月的早期，并且经常是全年的最高价。

周年纪念日和季节变化：观察一种商品期货形成极限高点或是低点的日期非常重要。从这个周年纪念日的1年、2年和3年将经常预示着另外一个顶部或是底部。任何一年结束的时候都是观察趋势变化的重要时间周期。

周年纪念日之后，第一个重要的时间周期是此后的第3个月和第4个月；接下来是第6或第7个月左右，很多重要的顶部或是底部会在这些时间点到达。有时候重要的变化会出现在第10个月或是第11个月。最重要的变化大约会出现在1年、18个月、24个月、30个月、36个月、42个月和48个月。要想亲自验证这些周年纪念日的价值，你必须做的就是研究和观察任何一种商品期货在这些周期内趋势是如何发生变化的。最重要的是观察这些周年纪念日，就是当最终的顶部或是最终的底部形成的那一天。

如何划分一年的时间周期

把 1 年除以 2 就得到了 1/2 年，也就是 6 个月，也等于 26 周。

把 1 年除以 4 就得到了 3 个月的周期，也就是 90 天；这也是 1/4 年，或是 13 周。

把 1 年除以 3 得到了 4 个月的周期，这也是 1/3 年，或是 17⅓周。

把 1 年除以 8 得到了 1½个月，也就是 45 天；这也是 6½周。这表明了 7 周为什么总是如此重要的原因。

把 1 年除以 16 就得到了 22½天，也就是 3 周。这就是市场运动仅仅持续 3 周向上或是向下后就会逆转的原因所在。通常当小麦或是任何其他的商品期货连续 4 周的收盘价抬高，价格就将会继续走高。第 5 周对于快速的上涨或是下跌运动的趋势的变化同样非常重要。第 5 可以是第 5 天、第 5 周、第 5 月和周年纪念日的第 5 年，根据正在运行的主要循环，在这些时间点经常形成快速的向上或是向下运动。

如何确定小型趋势中的变化

小型上涨。当小麦市场正在上涨，形成顶部后，价格在顶部区间停留了 2～3 周的时间，尤其是当这个（交易）区间非常狭窄并接近顶部的时候，如果当价格跌破了这 2 周或是更长时间的底部之后，小型趋势就已经掉头向下，你应当跟随这个小型趋势，一直到趋势出现变化的其他明确标志。

小型回调。当小麦或是其他商品期货已经下跌了几周或是几个月之后，价格筑底了 2 周或是更长的时间，之后价格停留在底部价位窄幅波动了 2 周或是更长的时间，接下来价格向上穿越了这 2 周或是 3 周（窄幅波动区间）的顶部，小型趋势就已经变化了，至少是临时性的。你应当跟随这个小型趋势。

呆滞的市场。所谓呆滞的市场是指在任何点位进行窄幅波动的市场。这表明了市场正在为某种类型的变化做准备。在这些狭窄和呆滞的周期后，市场无论是向上或是向下的哪个方向被突破，你都应当跟进。

持续的小型运动

牛市中的小型时间周期规则。在上涨的市场或是牛市行情中，当一轮小型回调的标志出现后，价格将回调 3～4 周，但是通常会在第 4 周出现反弹并以更高的价格收盘。在有些情况下，出现的仅仅是一轮陡直而快速的回调，持续的时间在 2 周内，随后就会恢复主要的趋势。在下跌 3～4 周后，市场将会出现小型反弹，随后跌破了前 3 周或是前 4 周的底部，这是一个趋势出现更大变化的标志，很有可能是主要趋势的变化。

在极端的情况下，在牛市的次级反弹之后，价格将在主要趋势恢复之前下降 6～7 周的时间，很少会出现更长时间的下跌。

熊市中小型反弹的时间规则。在熊市中，前面的这些规则要反过来用。熊市中的反弹会持续 2～4 周的时间。如果一轮反弹已经持续了 5 周，那么很有可能会运行 6～7 周；随后你就要等待趋势中的重要变化了。

反弹 3～4 周之后，熊市中的次级回调就会出现，如果市场上涨并穿越了前一轮 3～4 周反弹形成的最高点，趋势就在变化，至少是临时性的。在这样的情形下，即使是在熊市中，也是价格将走高的标志。

吸筹和派发所需要的时间

彻底回溯小麦、其他商品期货，或是任何一种商品期货过去的历史，研究过去的记录，你就能发现在底部吸筹所必需的时间要求，以及在顶部派发所必需的时间要求。你就能利用一种商品期货在过去的时间要求判断将来的时间要求。为了获得成功你必须持续研究过去的记录，因为市场会在将来重复自己的历史。

最终的顶部或是底部。当市场到达最终的顶部时，如果市场非常活跃，通常成交量就会非常巨大，谷物就会快速上涨。日线图表上，市场高开或是低开，随后快速上涨创出新高，接下来在同一天跌破了开盘价，并且以接近当天的最低价收盘，这种情形是一个明显的顶部信号或是最终顶部的信号。一个市场要上涨，必须要显示出当天就会有收益。如果当天出现大幅上涨并出现了收益，但是却没有维持住，这就表明市场到达了卖盘力量大于买盘力量的位置。同样的规则适用于周线图表。假设市场在星期一的上午强势开盘，并且以那一周的顶部或是底部收盘，这就是一个趋势已经变化的标志。日线或是周线的宽幅剧烈波动，并且以顶部或是底部的价格收盘，这将是趋势变化更加重要的标志。

如何通过开盘价和收盘价确定趋势中的第一次变化

周线的最高价与最低价图表加上开盘价和收盘价之后是用来判断小麦或是其他商品期货趋势的最好的图表之一。这也是我们为什么经常在商品期货上使用周线图表，并通过它获得所有（趋势变化）标志的原因所在。

任何一周或是一天的收盘价都非常重要。因为不管小麦的价格在这一周内或是一天的价格高低如何，收盘价都会显示出这个时间周期结束时精确的亏损数值或是收益数值。

在小麦或是其他商品期货已经上涨了相当长的一段时间，并且到达了先前的老顶或是完成了一个阶段的行情，这就表明了趋势的变化可以发生了。在一个非常活跃的市场观察星期一上午的开盘价是非常重要的。如果小麦或是其他商品期货的价格在星期一的上午没有高开一个点以上，随后就下跌，并且以接近上周六的最低价收盘，这是周线图表上趋势发生变化的第一个标志。在判断趋势明确变化之前，不要忘记使用我的其他交易规则，等待由于时间、空间，或是周线上先前的底部被跌破导致的适当下跌。

这条规则反过来可以应用在一轮下跌的底部，或是在非常活跃的市场中出现了一轮陡直而快速的下跌之后。观察星期一上午的开盘价，如果小麦在这一周的中间或是后半周快速下跌，随后形成了底部，并且（趋势）逆转，出现快速的反弹，星期六的收盘价高于星期一的开盘价，这强烈预示着趋势已经逆转，价格将进入更高的区间。在判断趋势已经显示出确切的变化之前，要使用我所有的交易规则，包括价格穿越了先前周线的顶部、空间运动的逆转点，以及时间的逆转点。

了解这一点也非常重要：当一周结束的时候，如果收盘价在先前老底的下方、低于前一周的底部；或是高于先前的老顶、高于前一周的顶部，这是弱势形态或强势形态的一个标志。

判断卖出的正确时间。很多交易者在谷物市场中正确地进场了，但是在离场的时候出错了。他们可能买正确了，但是却不知道什么时候卖出，或是没有一些能够判断小麦或是其他商品期货何时到达顶部的交易规则作为卖出的依据。假设你在小麦市场进行了一个长时间周期的吸筹之后进入市场，就如同在年线图表上显示的一些时间周期一样。一旦你正确地进场之后，就会希望获得最大的赢利。你必须观察一些特定的信号以便自已知道何时应当卖出。小麦在一轮牛市的最早阶段，几乎总是爬行，缓慢地向上运动，并且有很多次的回调；但是，在牛市结束的时候或是最后的重要冲刺中就会到达沸点，出现快速的向上运动。我的交易规则是，一直等到沸点再卖出你的小麦。只要市场对你有利，你就跟随向上的运动上移你的止损单。大多数的谷物在一轮牛市行情结束时都非常活跃，快速上涨会持续 6～7 周，有时候甚至是 10 周之久，期间的运动非常快。在这些时候的成交量通常非常巨大，表明大量的买进与卖出正在进行，小麦正在到达最终的顶部和派发的位置。绝大多数情况下，持续 6～7 周的快速上涨就会到达一轮向上摆动的顶点。这就如同持续 6～7 周的快速下跌的情形一样，尤其是当出现一轮伴随着巨大的成交量的恐慌性下跌就会导致熊市行情的结束，这个时候你就要回补空头头寸，并且等待。

要牢记，在一轮快速向上运动后的最后重要冲刺形成的顶部之后会有陡直的回调。当小麦在快速下跌后变得非常活跃的时候，在大多数情况下也会出现同样的情形，第一次反弹会非常快，并且会上涨大量的点数，随后出现次级回调和整理阶段。观察这些快速的上下运动，卖出多头小麦并且转为卖空。记住，不要对抗趋势。要设置止损单。如果一种商品期货的开始朝着不利于你的方向运动，就要快速离场。这些快速的上下运动显示出那些逆势买进或是卖出的交易者，以及希望通过追加保证金而继续持仓的人有多么愚蠢。这些快速运动是适合加码的运动，但是不能与之对抗，不能持有与趋势相反的仓位。

在谷物创出新高或是新低的时候。当谷物或是其他商品期货上涨创出了多年来的新高；或是下跌创出了多年来的新低，它们就进入了新高或是新低之后的区间内。当商品期货出现新高或是新低的价格记录后，你必须有可以遵循的相应交易规则。

你要应用所有的其他交易规则，并且在主要趋势没有变化之前，不要买进或是卖出。

当小麦或是其他商品期货上涨到达了历年来的新高后，尤其是（创新高）出现在牛市第一阶段或是第二阶段的情况下，就会上涨到前一个顶部或是底部的某个上涨百分比；如果是在牛市的第三阶段或是第四阶段创出的新高，就有可能在到达最终的高点或是趋势改变之前不会上涨很多点。

当商品期货上涨或是下跌进入数月与数年都没有到达新的区域或是新的价位后，这种情形就表明了在这个方向上存在力量，也就是驱动力正在发挥作用。这同其他任何被抑制的力量在爆发之后的原理一样。水坝可以把水蓄积起来，但是如果溃坝了，你就将知道水就持续向下，一直到达另外的大坝、一些障碍物和阻碍物才会停止下来。因此，观察谷物**老的价位**就非常重要。突破进入新区域耗费的实际时间越长，你能够期待的运动规模就越大，因为相对于短时间周期，长时间周期积蓄的能量将产生更大规模的运动。

当进去新的高价区域后，你要观察在上涨了 7 美分、10～12 美分、25～36 美分时的市场表现；极限上涨时要注意观察的范围大约是 40～45 美分。这些位置可能会是阻力位，并且构筑顶部。市场究竟会在这些平均运动幅度的哪个点数停止下来，取决于市场的活跃程度与商品期货的价格。只要遵循趋势的标志和交易规则，你就能判断出进入新的高价区域后何时第一轮运动已经运行完毕，并且趋势已经发生了变化。

前面的规则在熊市行情中要反过来用。

当谷物或是其他商品期货在上涨进入新的高价区间，并且价格在 50 美分至 1.25 美元之间时，平均运动的幅度是 7 个点、10 个点、15 个点、20 个点和 24 个点（或是美分），这些数值非常精确。当小麦上涨超过 1.25 美元之后，在高价区域就会比价格低于 1.25 美元时运动得更快。价格高于 2.00 美元时，运动就会加速，并且波动区间会非常大。同样的，当小麦或是商品期货的价位高于了 2.00 美元每蒲式耳——它们就会宽幅快速运动。这些取决于行情已经运行了多长时间、多少次运动、行情已经运行了多少个阶段，以及价格已经从前一个底部上涨了多少或是从前一个顶部下跌了多少。

商品期货的成交量

在考虑了形态、时间和阻力位这三个重要因素之后，第四个也是下一个非常重要的因素就是顶部或是底部的成交量。

成交量是市场真正的驱动力，并能表明供应或是需求的增减。大量的买单或是卖单无论是来自专业交易者，还是公众，抑或是其他的需求或供应渠道，都必然会在报价单上记录下来，并且以小麦、大豆、棉花，或是其他任何商品期货的成交量显示出来。

因此，仔细研究成交量你就能判断出非常隐秘的趋势变化，尤其是你能同时运用其他所有的交易规则，通过形态、阻力位和时间去判断强弱形态。

通过成交量判断行情顶点的规则

规则 1：在任何持续很长时间的牛市或是任何商品期货的反弹上涨中，当成交量大幅增加的时候，经常是行情结束的标志，至少是临时性的。接着，在一轮伴随大成交量的陡直下跌之后，次级反弹出现的时候成交量就会降低，这是小麦或是其他商品期货形成最终顶部的一个标志，也表明主要趋势将掉头向下。

规则 2：如果小麦、大豆、棉花或是其他商品期货在形成低一些的顶部后止跌企稳，市场会变得沉闷和窄幅，并且保持横向波动一段时间，接下来如果放量跌破窄幅区间的最低点，这就是会下跌更多的信号。

规则 3：一轮持续几周、几月，或是几年的长期下跌之后，在小麦或是其他商品期货到达底部时，成交量会减少，并且波动的区间会收窄，这是套现正在进行中的确切信号之一，该商品期货正在为显示趋势变化做准备。

规则 4：在趋势从熊市转化为牛市的时候，在第一次陡直上涨之后，该商品期货将会有一轮次级回调并形成底部，这与第一次陡直下跌后会有次级反弹一样。如果在回调中成交量降低，并且随后该商品期货向上运动，上涨时伴随着更大的成交量，这就是价格将会上涨到更高水平的一个标志。

这些规则适用于一般市场、单一商品期货，以及芝加哥交易所和纽约棉花交易所交易的所有商品期货。要保持日成交量的记录，也要保持周和月的总成交量记录。

总结：成交量在接近顶部的时候增加；在接近底部的时候降低；除了非正常的市场之外。例如 1929 年 10 月和 11 月，当时每一种商品期货都出现了恐慌性的下跌，在底部就出现了巨大的成交量，并形成了一个尖底，随后就是急促的反弹。

在第一次陡直反弹后，几乎总是在成交量降低的时候出现一轮次级下跌，正如规则 4 阐述的那样。

研究一下 1933 年 7 月、1937 年 3 月、1940 年 5 月和 6 月，以及 1941 年 8 月和 9 月的成交量。

未平仓合约。研究一下过去的未平仓合约的记录。当到达极限高价或是极限低价时，查看一下未平仓合约是否在极限高价的几天或是几周前就已经到达了最大数量。当这些情况出现时，就表明了那些在低价就买进的明智买方，在市场价格高企，并且每个人都乐观地买进更多时，就抛售一空了。然而，随着市场上涨到更高的价位，每天的成交量却在减少，也就是未平仓合约的数量降低了。这就是一个临近最终顶部的信号。

当市场经过长期的下跌后，在到达最终的低点之前，未平仓合约的数量就开始增加了。这就是一个足够好的买进点标志。

日成交量的总额表明了市场的不同阶段的顶点。

例如：从 1938 年 10 月到 1939 年 4 月，芝加哥交易所的小麦单日成交量的最大值都没超过 2200 万蒲式耳，并且一直处于每天 500 万蒲式耳的低水平。

1939 年

5 月 2 日——小麦的总成交量是 6900 万蒲式耳。成交量的显著增加，表明小麦市场的趋势出现了变化。

8 月 24 日——小麦总成交量为 500 万蒲式耳。

9 月 7 日——总成交量为 5800 万蒲式耳。这是另一个（成交量）的顶点，表明了趋势的变化。如此巨大的成交量是由于战争爆发后投机性的买进导致的。因为公众的大量买进，这个时候的燕麦、玉米、黑麦的交易量都非常大。

12 月——小麦在这个月的成交量非常大。

12 月 7 日——成交量为 5000 万蒲式耳。

12 月 13 日——成交量为 5300 万蒲式耳。

12 月 19 日——总成交量为 7100 万蒲式耳。小麦价格在 12 月到达了顶部，巨大的成交量表明，公众在高位成为了主要的买方。这是数年来这个顶部附近的最大成交量。当市场下跌到 1940 年的 1 月和 2 月时，成交量就降低到了 1000 万蒲式耳每天，仅仅只有少数的几次达到 3500 万蒲式耳每天。

1940 年

4 月 9 日——总交易额 6000 万蒲式耳。小麦的成交量再次达到表明顶部标志的水平。

4 月 17～18 日——总成交量为 4500 万蒲式耳。

5 月 1 日——总成交量为 5000 万蒲式耳。

5 月 4 日——总成交量为 1500 万蒲式耳。

5 月 10 日——总成交量为 4500 万蒲式耳。小麦在 5 月初到达了最终的高点。

5 月 10 日——希特勒开始发动对法国和比利时的战争，所有的商品期货都快速下跌。小麦连续几天都大幅跳空低开，价格下跌到当天的跌停板。成交量快速增加。

5 月 15 日——小麦的总成交量是 8000 万蒲式耳，这是本轮下跌中的创纪录成交量。这表明了公众都在大量套现，但并不意味着小麦（在当天）到达了最终的底部。巨大的成交量持续几天，从 6500 万、4500 万，到最终 5 月 24 日的成交量减少到了 1000 万蒲式耳，这才表明了套现过程暂时结束了。

8 月 16 日——小麦的总成交量是 3300 万蒲式耳，这是自 5 月以来的第一次到达这样高的成交量。小麦市场继续下降，并于 8 月 16～20 日到达了最终的底部。之后，上涨开始了，价格持续上涨到 1940 年 11 月。

11 月 7 日——小麦的总成交量是 2900 万蒲式耳，这是自 8 月以来第一次达到这样高的成交量。小麦大幅上涨。正如巨大的成交量所显示的一样，公众经常在顶部成为主要的买方。之后，市场持续下跌了 3 个月。

1941 年

2 月 17～18 日——小麦到达了最终的低点。成交量量减少到了 500 万蒲式耳每天的低水平。从 1940 年 12 月以来，成交量一直未高于 1500 万蒲式耳每天。

小麦开始上涨，成交量在 3 月增加了，运行在 2000 万蒲式耳每天的高水平上。

5 月 14 日——总成交量是 3200 万蒲式耳。

5 月 19～22 日——成交量是 2500 万蒲式耳。小麦在 5 月到达顶部，随后下跌到 6 月 2 日，当日的成交量降低到了 1000 万蒲式耳每天。这表明价格处于低位的时候，公众并没有大量买进。

7 月 31 日——总成交量到达了 1000 万蒲式耳。

8 月 2 日——总成交量到达了 2000 万蒲式耳。

8 月 13 日——继续走低，成交量是 4100 万蒲式耳。这是自 1940 年 8 月以来最大的成交量。这天之后，小麦上涨到了一个新的高位。空头回补，并且公众大量买进。上升持续到了 9 月 12 日，并到达了最终的高点。

8 月 27 日——成交量是 2200 万蒲式耳。

9 月 3 日——成交量是 2000 万蒲式耳。

9 月 4 日——成交量是 2000 万蒲式耳。

9 月 5 日——成交量是 2400 万蒲式耳。

9 月 9 日——成交量是 2500 万蒲式耳。这是到达最终顶部的前 3 天，成交量表明公众仍然在大量买进。

9 月 10～12 日——成交量大约是 2200 万蒲式耳每天。在到达极限高价的当天，成交量却降低了。这是公众已经过量买进[1]，而明智的交易者正在卖出的标志。

9 月 20 日——一轮陡直的下跌之后的温和反弹，成交量是 2000 万蒲式耳。

9 月 30 日——反弹的顶部，成交量为 1100 万蒲式耳。这是一个次级反弹，成交量小于顶部时的 50%。这表明公众已经满仓，因此不可能更多地买进，成交量的下降使得小麦成为安全的卖空对象。快速的下跌接踵而至。

10 月 16 日——这是一个恐慌日，小麦下跌了 10 美分每蒲式耳，到达了当天的跌停板。小麦当日的总成交量是 3200 万蒲式耳，这是自 8 月 4 日以来最大的成交量，预示着底部即将反弹。

10 月 17 日——价格略微下降后就反弹了，总成交量是 2800 万

① 译注：loaded up，也可以理解为接近满仓状态，也就是公众的资金已经消耗殆尽。

蒲式耳。

10 月 23 日——反弹的顶部，成交量是 1700 万蒲式耳。随后是次级下跌。

10 月 28 日——回调的低点，成交量是 1300 万蒲式耳。次级下跌中成交量减少，表明了此时套现已经结束，沉重的卖压消失了，至少是临时性的。反弹接踵而至。

11 月 5 日——成交量是 1460 万蒲式耳。

11 月 6 日——成交量是 970 万蒲式耳。

11 月 7 日——1068.5 万蒲式耳。在这轮反弹中，市场放缓了运动的速度。成交量表明此时买方的力量不足以导致快速上涨。

研究玉米、燕麦和黑麦在极限高价的成交量是为了判断它们何时到达顶部或是底部。所有的谷物都遵循相同的一般趋势。通常，当小麦的成交量非常大或是极端小的时候，其他的谷物也会呈现相对应的成交量。

小麦的未平仓合约。在 1940 年春季，小麦未平仓合约的数量是 1.3 亿蒲式耳。从这个时间点开始一直到 1941 年，市场都在逐步下跌。

1 月 21 日——未平仓合约是 4700 万蒲式耳，并没有再次超过 5000 万蒲式耳。在小麦从 1941 年 2 月的低点开始上涨后，继续下跌。

4 月 9～12 日——小麦的未平仓合约降至 4100 万蒲式耳，这是多年来的最低成交量。小麦和其他谷物在 4 月和 5 月开始上涨，未平仓合约的数量增加。

5 月 10～13 日——未平仓合约是 4700 万蒲式耳。未平仓合约的数量再次开始降低。

5 月 22 日——极限低量，3900 万蒲式耳。此时小麦和其他谷物价格到达了这次运动的最高价位。

5 月 28 日——未平仓合约的数量刚好超过 4200 万蒲式耳。

6 月 9 日——未平仓合约是 3800 万蒲式耳。这是未平仓合约的极限低量。

6 月 19 日——未平仓合约的数量再次回到了 4200 万蒲式耳左右。

6 月 30 日——未平仓合约的数量刚好低于 4000 万蒲式耳。从这最后的低量开始，未平仓合约的数量开始增加。

8 月 1 日——未平仓合约是 5300 万蒲式耳。

8 月 14 日——未平仓合约是 4900 万蒲式耳，这是最后的低量。与此同时，小麦和大豆开始上涨。

9 月 12 日——小麦在这天到达了极限高价，未平仓合约的数量是 5300 万蒲式耳。随后，小麦开始下跌，但未平仓合约却在增加。

10 月 6 日——未平仓合约是 5950 万蒲式耳，并一直到 10 月 11 日都保持在这样高的数量水平，但没有进一步增加。这表明公众仍然在买进，但是那些知道小麦价格过高的人则正在卖出。从 10 月 11 日开始，未平仓合约的数量开始减少。

10 月 17 日——当天小麦到达了极限低量，未平仓合约的数量下降到了大约 5100 万蒲式耳，这是自 9 月 5 日以来的最低量。但是，小麦的价格要比 9 月 5 日低 15 美分每蒲式耳。

在不到一周的时间内，未平仓合约的数量急剧下降超过了 800 万蒲式耳。这表明大量的套现，也就是公众在市场崩跌时大量抛售。

自 10 月 17 日起，未平仓合约的数量只有非常小的变动。

10 月 22 日——未平仓合约是 5300 万蒲式耳。从这天一直到 11 月 8 日，未平仓合约的数量维持在 5200 万蒲式耳左右，或是略低于这一数量。

为什么未平仓合约的数量没有放大到 10000 万蒲式耳或是

更多，原因跟过去年份一样，就是在于政府管控。这导致大规模的交易者不会持有大量的小麦过夜。未平仓合约的数量处于这样的情形说明了大多数的交易商和公众，跟大型投机者一样，不再持有大量的小麦头寸了。

1940 年 5 月——当小麦的价格是 1.13 美元每蒲式耳时，未平仓合约的数量大约为 13000 万蒲式耳。

1941 年 9 月——小麦的价格比 1940 年 5 月高出 15 美分每蒲式耳，未平仓合约的数量低于 1940 年 5 月的一半，小麦未平仓合约的数量并不是很大的。另一原因在于大豆和其他谷物出现了大量的交易。另外，由于棉花中的巨大赢利机会导致很多谷物的交易者在 1941 年期间转向了棉花市场。这样，棉花的成交量就增加了，而小麦成交量的减少就通过降低了的未平仓合约数量体现出来了。

参与任何谷物中的任何一种期货交易，你都要研究未平仓合约；同时也要研究每一种期货的日成交量。

你将发现，关注最活跃的期货的周成交量，并应用成交量的交易规则是非常有帮助的。这样做能帮助你判断何时会到达极限高价或是极限低价。

第四章　商品期货交易中的新规则

短时间快速调整运动市场中的强弱形态

在市场上涨了很长的时间周期之后，就会出现超买现象。公众在多头方向过度买进，以及空头试图阻击上涨后丧失希望并回补，这样就会导致市场在高位处于弱势的技术形态，原因就在于市场上涨过快，以至于形成了超过正常的收益，随后自然会出现修正性下跌回到正常水平。这类修正（行情）能够运行几周，甚至是几个月，但是当快速下跌在相当短的时间内出现时，价格下跌的幅度就会远远超过正常的下跌；随后，这轮快速下跌修正了疲软的技术形态，因此另外一轮上涨随后就出现了。例如：

5 月大豆——1943 年 1 月到 1947 年 10 月期间，没有大豆的交易。当大豆形成了 334 的最低点，随后就出现上涨，并在 1948 年 1 月 15 日到达了 436¾，这是 5 月大豆或是其他任何期货合约有史以来的最高价。这是一轮 3 个月内的异乎寻常的 102¾ 美分的急促上涨，市场修正早就应当出现。1948 年 2 月 14 日，陡直而快速的下跌在 320½ 形成最低价，这轮下跌在 30 天内下跌了 116¼ 美分，抹去了比 3 个月更多的收益。当这类下跌出现时，几乎总是会出现一个次级反弹，并且可能要经过几个月才会跌破第一次下跌的最低价。从 1948 年 2 月 14 日开始，随后的上涨持续到了 1948 年 5 月 19 日，最高价是 325。此时，5 月合约到期。

同样的规则也可以应用在这样的情形：当市场已经下跌了相当长的时间周期，空头变得过度自信并增加了它们的头寸；同时多头丧失了希望并在接近最低价时卖出。这样就会导致市场超卖，并因此使得（市场的）技术形态由强势替代了疲软。结果就是出现短时间周期内的快速上涨，从而把市场带回到正常水平。例如：

5 月大豆——1948 年 11 月 13 日，最高价 276¾，下跌开始。期间，从 1949 年 1 月 21 日的最高价 247½下跌到 1949 年 2 月 9 日的 201½，在 12 个日历日中下跌了 46 美分。这是短时间周期内真正的彻底清洗。市场修正早就应当出现。第一次快速上涨在 2 月 16 日将价格推升到 228½；随后出现一轮次级回调在 3 月 22 日形成了 210½的最低价。此后，市场持续上涨，一直到该合约在 5 月份到期，价格上涨到 243。

彻底回顾过去记录的图表，你可以看到多长时间会出现一次这类短时间周期的陡直上涨与陡直下跌去修正市场的强弱形态，以及多长时间会出现一次穿越高价位或是跌破最低价位前的长时间周期①。

时间逆转趋势

趋势变化中的时间周期变动的意义是，在一轮长期上涨并形成顶部之后，就会出现一次持续 1 天、2 天、3 天，或更长时间的回调或是向下的摆动，随后是一轮向上的摆动，形成低一些的顶部；接下来从这个顶部继续下跌，并跌破第一次摆动形成的最低点。这样的情形就是我说的时间趋势的转折，因为这

① 译注：第一种情形指的是趋势中的“空间代替时间”的逆向调整；第二种情形指的是无趋势的长时间周期休整。

并不是基于每蒲式耳下跌了多少美分，而是一轮下跌持续了多少天，以及随后出现的反弹持续了多少天。这就导致了趋势的变化。例如：

5月大豆——1947年10月28日，最低价为334。此后，在1948年1月15日到达最高价436¾之前，任何摆动的底部都没有被跌破；同一天出现回落到达了433¼。1月17日的最高价为436¼，是一个稍低的顶部。从这一高点开始了快速下跌，当价格跌破1月15日的最低价时，这就是从上涨开始以来的第一个**趋势中的时间变化**。从那时开始一直到2月14日到达了当天的最低价320½为止，期间没有任何反弹持续超过一天。在市场处于这种危险的高价情况下，你应当在低于1月15日的最低价的位置设置止损单，一旦跌破这一最低价时就（多头头寸）离场；进而转为卖空操作，并且在所有的下跌过程中做空头，因为在之前，没有任何迹象表明形成了底部。从2月14日到2月17日的持续3天的反弹，表明趋势正在改变。

上述的交易规则存在一种例外的情况。当市场一轮陡直上涨后形成了一个单顶，但是并没有伴随时间**趋势的转折**。例如：11月大豆在1950年6月6日的最低价是208；随后在6月24日（星期六）形成更高的顶部；接着在6月26日（星期一），韩战爆发。在公众的多头买进和空头回补的作用下，导致了一轮快速的上涨。7月26日，最高价为272。从6月24日上涨了62⅜美分，这是一轮30天内的非正常上涨。市场形成尖顶；在8月2日下跌到256，随后在8月3日出现为期一天的反弹，最高价为261½。此后，第一个**时间趋势底**256被跌破。在这种情况下，如果你一直等待时间趋势转折，市场将下跌16美分每蒲式耳。这样会损失太多的赢利，并且等待卖空的时间也太长。在这种情况下，你应当应用后面给出的跳空、反转信号日、阻力位，以及停板日的交易规则，这些交易规则会让你在顶部的第二天（多头）离场，并开始做空。

顶部的时间逆转趋势

1951年2月8日，11月大豆以329开盘，并在当天上涨到334。请注意383的极限高价和191¼的极限低价，3/4位是335，这是一个自然阻力位和卖出点。在这个价位，你可以进行卖空操作，并将止损单设置在338，也就是比阻力位高3美分的位置。然而，从这个顶部市场出现了**时间趋势转折**，这是顶部已经形成的明确标志。2月10日，最低价326½；2月13日，最高价331½；2月15日，最低价325，跌破了2月10日的底部，这表明至少是小型趋势正在掉头向下。随后出现反弹，并持续到2月19日，最高价332½；形成两个低于2月8日的顶部。当2月15日的最低价325被跌破时，这是时间趋势转折的明确标志，你应当卖空。此后，下跌非常快，并在3月15日到达了第一个最低价286½；接下来在一个小反弹后，趋势继续走低。

底部的时间逆转趋势

例如：**11月大豆**。1950年6月25，最高价为230。这是一个双顶和卖出位，因为前一个在3月3日的最高价出现在同一价位。价格下跌，形成三个向下的摆动，在6月16日达到最低价208，随后在6月21日反弹到达了215；接下来的次级下跌在6月24日到达了209⅝。这是一个更高的底部；战争的消息在6月26日被知晓。一旦价格穿越了216，也就是比6月21日的最高价高出1美分，就是时间趋势转折；如果你还没有（多头）买进，这就是一轮大幅上涨（多头）买进并持的标志。

可以把这些交易规则应用到其他谷物、棉花，或是其他商品期货上。

正常的价格运动

价格运动总是在低位很慢；而在高位则很快。因此，我们最好弄清楚正常价格运动在不同的价格水平的数值。

当大豆或是其他任何谷物的价格在 1.00 美元每蒲式耳时，正常的价格回调是 6¼ 美分，也就是 1.00 美元的1/16。

当价格大约为 2.00 美元时，正常的价格运动应当是 12½ 美分每蒲式耳。

当价格大约为 3.00 美元时，正常的价格运动应当是 1.00 美元每蒲式耳时的 3 倍，即每蒲式耳 18¾ 美分。

当价格上涨或下跌超过 18¾ 美分时，下一个值得观察的点位将是从极限高价或极限低价下跌或是上涨的 37½ 美分。

正常的时间运动

在正常的市场上，价格会缓慢上涨，并且没有出现急涨接近涨停板的情形，在价格已经持续上涨了几个星期或是几个月之后，正常的回调时间也应该是 10～14 天。如果超过了这个回调时间，下一个正常的回调时间是 28～30 天。这是需要观察的非常重要的时间周期。

在熊市或是下跌的市场，要把这个交易规则反过来使用，反弹会持续 10～14 天；有时持续 28～30 天。

通常，当一轮向上或是向下的运动持续的时间超过 30 天，就意味着趋势很可能持续 2 个月，也就是 60 天。

非常重要的一点是，要记住最高价与最低价日线图表中的收盘价。最高价与最低价的周线图表和月线图表也很重要。例如：假设价格已经上涨了 14 天，并且在第 14 天形成了最高价，如果收盘于接近当天的最低价，这时你就应当考虑在这轮运动不会继续向上了，除非是价格穿越了第 14 天的最高价，并且收盘价高于这个最高价。

时间周期

你应当经常计算从任何顶部或是最高价到下一个顶部或是最高点的时间，同时也要计算从任何最低点到下一个最低点的时间，随后计算从一个最低价到一个最高价的时间，以及从前一个最高价下跌到最低价的时间。通过这样做，你将知道何时时间周期会获得平衡，也就是与前一轮运动一样。这是**时间的平衡**。通过了解这些日期和价格，将有助于你判断下一轮运动将持续的时间。前一个最高价被穿越或是前一个的最低点被跌破之前消耗的时间周期越长，随后出现的上涨或是下跌的幅度就越大。例如：

1925 年 1 月，5 月小麦的最高价为 205⅞，这是在 1932 年 12 月 26 日下跌到 43⅝之前的最后一个最高价。205⅞这个高价位一直到 1947 年才被穿越。在如此长的时间周期后，你可以计算出小麦从 205⅞上涨 50％的高点就是 308⅝。1947 年 11 月和 1948 年 1 月，5 月小麦上涨到 306⅞，这是 1945 年战争结束后，小麦达到的最高价。

另外一个例子：11 月大豆的期货交易始于 1947 年 7 月 7 日，最低价为 265。11 月 22 日，最高价为 383，这是该合约从 1941 年 11 月到我撰写本书时的最高价。1948 年 6 月 15 日，最高价 347½，这是大型摆动中的第一个较低顶部。1950 年 2 月 6 日，最低价 191¼这是到撰写本书时的极限低价。1951 年 2 月 8 日，最高价 334。这是 383、347½和 334 成为从极限低价 191¼或是任何其他次要的最低价计算百分比位和阻力位的重要高点。这些极限高价和极限低价的日期对于时间周期非常重要，运行的时间周期为 6½～7 周、13 周、17 周、20 周、26 周、32½

周、35 周，42～45 周和 52 周。在未来也应使用相同的这些时间周期，并在这些日期的前后留意趋势的变化。所有的周年纪念日，或是距离任何极限高价或极限低价 1 年的日期都是最重要的。

失衡的价格摆动

如果价格已经上涨了相当长一段时间，并且已经形成了几次逆向摆动，逆向摆动或是回调第一次超过前一次向下摆动，就是趋势正在变化的一个标志。但是，在时间周期失衡之前，绝对不要确认趋势已经改变。例如：如果价格上涨了相当长的时间，并且出现过几次运行时间为 5～7 天的回调；随后开始的向下摆动运行的时间超过 7 天，这表明趋势正在发生变化，至少是暂时性的；如果价格回调也同时失衡，这就是趋势变化的确切标志，无论是小型趋势还是主要趋势。

在下跌的市场中要记录所有的反弹和市场经常出现的反弹是多少美分，以及每次反弹的时间周期。随后，当熊市到达最低价，上涨的幅度超过了前一次或是最近一次的向上摆动，并且时间周期也超过了这轮熊市中的先前那些反弹，这就表明价格和时间两个方面都失衡了，趋势正在发生变化。

记住，在市场非常活跃，并且接近极限高价或是极限低价时，所有的交易规则都最有效。趋势变化出现极限高价和极限低价之间的意义，不能与当价格接近极限高价或是极限低价，并且非常活跃时发生的逆转相提并论。

总之要运用所有的规则而不仅仅是其中的一两个，尤其是当价格处于极限高价或是极限低价时。

价格可以作为趋势的标志

任何商品期货合约的极限低价和极限高价，都是用于推算趋势变化和获得供需点，以及得出买进点或是卖出点的最重要价格。

现货的最低价和最高价也提供了预示未来（价格走向）的基础，无论是现货价格的最低价低于任何期货合约的价格，还是现货价格的最高价高于任何期货合约的价格。但是，期货合约的极限高价和极限低价是最重要的趋势标志。

极限高价的百分比和极限低价的百分比应加以利用。

次级最高价或是较低的顶部、次级最低价或是较高的底部也可以利用，但只能认为是次重要的。

例子——极限高价和极限低价

1936 年 10 月 5 日——大豆期货交易开始。

1939 年 7 月——5 月大豆的极限低价为 67 美分。

1948 年 1 月 15 日——极限高价为 436¾。

这些是 5 月大豆使用的最最重要的价格。

现货大豆——1920 年 2 月 15 日，最高价 405，这是当时的历史最高价。1932 年 12 月 28 日，极限低价 44 美分。你应当利用 44 美分的百分比作为计算期货合约阻力位的基础。44 除以 8 是 5½美分，它的 1/4 或 25%是 11 美分；3/8 或 37½%是16½美分；1/2 或 50%是 22 美分。基础价 44 加 22 美分是 66 美分。请注意 67 美分是 1939 年 7 月中 5 月合约的最低价。44 美分上涨 9 倍或 900%是 440，5 月期货的最高价格是 436¾。

5 月大豆——以 67 美分作为未来价格走向的基础价。1941 年 9 月 14 日，最高价 202；1942 年 1 月的最高价位 203。请注意，67 美分的 3 倍，也就是 67 美分上涨 200%，就是 201，导致这个价位成为了一个阻力位和卖出点。同样，现货价格 405 的 1/2，给出了 202½这个阻力位。

1947 年，5 月大豆的价格远远高于 203，如果你计算出 203 上涨 100%是 406，这也就提示了未来的最高价。注意 1920 年的最高现货价是 405。当价格在 1947 年上涨超过了 405 时，就预示更高的价格。

1930 年 6 月，现货大豆的最后一个最高价是 216。当这个价格被穿越后，你可以在 216 上增加 100%，也就是将这一价格加倍，得到的 432 就可能是最终的最高价。极限高价是 436¾。

通过利用 5 月期货的极限低价 67 美分的百分比，我们非常接近了最终的最高价。67 的 5½倍或 550%是 368½。在基价上加上 67 美分是 435½，与顶部相差为 1¼美分。这证明期货的最高价和最低价可以作为的趋势标志，并可以用来确定买进点或是卖出点。

在 67 美分到 436¾之间，重要的 1/2 位是 251⅞。从 44 美分到 436¾，1/2 位是 240⅜，436¾的 1/2 是 218⅜。所有这些价格都很重要。当期货合约上涨超过它们或是下跌低于它们的时候，研究图表，并查看过去在这些价格附近时发生过什么。

例如：1948 年 10 月，5 月大豆下跌到了 239，正好低于 44 美分和 436¾之间的 1/2 位。这是一个买进点。之后，价格穿越 251⅞，这预示着更高的价格，并在 1948 年 11 月上涨到了 276¾。随后，价格跌破 251⅞、240⅜和 218⅜，所有这些都预示着更低的价格。1949 年 2 月，价格到达了最终的低点 201½。

为什么从 436¾下跌之后，价格会在 201½形成最低点并获得支撑？

1. 这是 1941～1942 年的顶部位置。我的交易规则说，“老顶成为底部；老底成为顶部。”

2.405 的 1/2 是 202½。这是这个价位附近获得支撑的另一个原因。

3. 所有原因中最重要的是，3 乘以 67 美分，即 67 美分上涨 200%等于 201，使得这里成为支撑位和买进点。

4. 当价格上涨到 1.00 美元、2.00 美元和 3.00 美元每蒲式耳时，在这些整数位附近总是卖出点；当价格下跌到这些整数位附近时，公众会买入，价格因此获得了支撑。

从 1949 年的最低价 201½，5 月大豆在 1951 年 2 月上涨到 344½，正好在政府冻结价格之前。为什么 5 月大豆会在政府把大豆价格固定在 333 之前会形成 344½的最高价？因为 344⅜是 67 美分到 436¾之间的 3/4 位，导致这个价位成为了价格穿越了 1/2 位之后的下一个最重要的卖出点，这再次证明了使用期货极限低价和极限高价的重要性。

1950 年 10 月 16 日，5 月大豆的最低价为 232½，这是价格上涨到 344½之前的最后一个低点。为什么 232½这个最低价是一个支撑位与买进点呢？主要的数学原因是 67 的 250%加上 67 是 234½。当得到其他交易规则的确认后，这就是一个支撑位和买进点。

记住，任何价格的 1/2 或是 50%的上涨或下跌都是最重要的。在 1950 年 10 月 16 日的最低价之后，5 月大豆穿越了 240⅜，也就是 44 和 436¾之间的 1/2 位；随后穿越了 251⅞，67 和 436¾之间的 1/2 位。穿越期货最高价和最低价区间最重要的 1/2 位，是价格将大幅走高的强烈标志，同时也表明了下一个最重要的阻力位可能是 67 和 436¾之间的 3/4 位，即 344⅜。极限高价是 344½。

11 月大豆——1937 年 11 月的极限高价是 383；1950 年 2 月 5 日的极限低价是 191¼。注意 383 的 1/2 是 191½，导致这个位置成为了以 188 作为止损价的安全买进点。1951 年 2 月 8 日，最高价 334。这个顶部的数学解释是什么呢？191½～383

区间的 3/4 位是 335，当被其他的交易规则确认为顶部时，同时一些先前的顶部或底部的一些时间周期[①]在 2 月打开，也确认为了顶部时，334 成为一个安全的卖出点。11 月大豆的极限低价出现在 1950 年 2 月 6 日，次级高价出现在 1951 年 2 月 8 日，这是极限低价周年纪念日 1 年的日期，使得它对于观察趋势的变化非常重要。

要保持所有极限高价和极限低价的数据，以及何时到达极限高价与极限低价的日期，应用我提供的所有交易规则，你就能获得成功。

重要的消息导致趋势的变化

你会在第 3 章有关“周年纪念日和季节变化”中发现了一些信息。这些日期是基于不同年份的最高价和最低价。但是，当战争爆发或是其他突如其来的意外消息被公布，或当新闻被公布时，最近的极限低价或极限高价则对于计算时间周期与阻力位就显得非常重要了。

1941 年 12 月 7 日，当日本袭击珍珠港时，这个突发消息导致了价格的变化，因此这个日期就很重要。下一个重要的日期是 1950 年 6 月 26 日的韩战爆发，这一突如其来的消息导致所有谷物以及大部分商品期货价格的快速上涨。因此，正好在这个消息之前的 6 月 24 日的最低价，对于计算未来的日期和阻力位就很重要。

11 月大豆——1950 年 6 月 24 日，最低价 209⅜；7 月 26 日的最高价 272，大约 30 天内上涨了 62⅜美分。最低价 209⅝对于计算阻力位非常重要。从 7 月 26 日到 10 月 16 日，价格下跌到 226¾，跌幅是 209⅝～272 之间的 3/4 或 75％位，导致这

① 译注：通常所说的时间窗口的形式之一。

个位置成为自然支撑位和买进点。10 月 16 日之后，当价格上涨并穿越 249⅜（1/2 位）时，就预示着更高的价格；此后，当价格穿越 7 月 26 日的最高价 272 后，11 月大豆就预示更高的价格。如果我们把第一次上涨的 62⅜ 美分加上 272 就得到了 334⅜，我们可以把这个点数作为平衡点，或是 209⅝～334⅜ 之间的 1/2 位。极限高价在 1951 年 2 月 8 日到达了 334。

在最高价 334 之后，你应当计算一下从这个最高价到先前 1950 年 2 月 6 日的极限低价 191¼ 之间的阻力位。极限低价 191¼ 是 11 月大豆的历史最高价的 50％下跌，即 1/2 位。持续了 1 年的摆动的重要 1/2 位是 282⅝。191¼ 与 383 之间的 1/2 位或是 50％是 287⅛，这是一个支撑位和买进点。1951 年 3 月 15 日，11 月大豆下跌到了 286½，从这个位置反弹到了 305½；随后再次下跌。

对于时间周期，你应当留意 1950 年 6 月 24 日韩战开始前的最低价后 1 年、2 年和 3 年的日期，以及 6 月 26 日韩战开始日后的 1 年、2 年或 3 年的日期。

在 1952 年，你应当注意 2 月的 6～14 日，因为这些是先前的最低价和最高价出现的日期。事实上，在未来的所有年份中，你都应当在 2 月份这些日期的前后留意趋势的变化，因为无论如何这些日期都是趋势发生季节性变化的日期。

摆动交易最能赢利

许多交易者正确地买进或是卖出，在获得了 7、10 和 15 美分的赢利后就离场了，因为他们没有利用任何交易规则而获得了赢利。然而，如果他们能遵循交易规则，在摆动中出现逆向运动之前，他们本可以获得 60 美分到 1 美元每蒲式耳的赢利。因此，不要试图“抢帽子”或是针对短期摆动做交易。

1950 年 7 月大豆的摆动例子。

2月6日——最低价219；5月8日，最高价321。在3个月内上涨了1.02美元每蒲式耳，期间没有跌破任何的摆动底部，也没有持续时间超过3天的回调。在这次摆动中，交易1万蒲式耳的利润是10200.00美元。

10月16日——最低价233½；1951年2月8日，最高价334，上涨了1.10美元每蒲式耳。最大的回调仅仅持续了5天，没有任何的摆动底部被跌破。交易1万蒲式耳的利润为11050.00美元。

如果你能抓住这两次摆动的75%，就会获得15936美元的赢利。你可以用3000美元的本金开始交易，并且不要让你的本金中超过300美元去冒险；在这个期间，你要获得20美分每蒲式耳的赢利后再加码。这样你的赢利就会远远超过40000美元。

你可以回顾任何时期的历史记录，并向自己证明摆动交易是最赚钱的。遵循交易规则而不是猜测就会得到回报。

摆动图

摆动图非常有价值。最好的日线运动图表记录了所有持续2～3天的逆向运动或是回调。随后，在一系列的上涨或是向上摆动后，价格第一次在2日图或是3日图上的最后一个摆动底部时，这就表明了趋势正在变化。

当市场正在下跌并且已经运行了很长的一段时间，如果在2日图或是3日图上形成更低的顶部与更低的底部，价格第一次穿越了这个图表上的最后一个最高价时，这就表明了趋势正在变化，并且将会发生更大规模的反弹。

周线摆动图

对于趋势的变化，记录 7 日或是更长时间的逆向运动的摆动图比记录 2 日图或是 3 日图更重要。假如市场开始上涨并持续 4 周，并且没有跌破先前任何一周的最低价；随后回调了 7 天或是更长时间，你就要把摆动图向下移动到回调的底部。接下来，当价格穿越了 4 周的向上摆动的顶部时，就可能会继续上涨 7 周或是 8 周，甚至是 13 周或是 14 周，并且不会跌破先前任何一周的最低价。然后，出现了 7 天或更长时间的回调或是向下摆动，又接着出现 7 天或是更长时间的向上摆动。在此之后，如果价格下跌，并且跌破先前向下摆动的最低点，这将是趋势已经变化的标志。

在下跌的市场中可以运用同样的交易规则。在最后一次的向下摆动后，当出现第一次反弹穿越了熊市中先前向上摆动的最高点，这就是趋势变化的标志。

我认为**7 日摆动图**是最有价值的趋势指标之一①。你可以从任何一个极限高价或极限低价开始计算时间周期。如果上涨或是下跌运行了 7 天或是更长时间，你就要在摆动图上上移或是下移。例如：

11 月大豆——1950 年 7 月 16 日的最低价为 208。在到达 7 月 26 日的最高价 272 之前出现过 4 次向上摆动，没有一个逆向运动超过了 4 天。因此，当第一次向下摆动超过 4 天时，这预示着一轮逆向运动或是趋势发生了变化。第一次下跌在 1950 年 8 月 2 日到达了 256。这一轮下跌持续 7 天，每蒲式耳下跌了 16 美分。期间只出现过仅仅 1 天的反弹；随后，下跌持续到 8 月 15 日，最低价为 236¼。在这里出现了反弹，并在 8 月 29 日到

① 译注：江恩说的指标与现在技术分析中的指标不是一个概念，更多是指直观的指示意义。

达了 254½。这是一轮持续 14 天的上涨。接下来的是另一轮下跌，在 10 月 16 日到达了最终的最低价 226½。期间，持续时间最长的反弹是从 9 月 25 日到 10 月 3 日，8 个日历日，这使得 7 天摆动图上自 8 月 29 日最高价后第一次上移。此后，市场在 10 月 16～23 日，周期是 7 天，并在 2 日图上穿越了三个先前低于 240 的顶部。随后是快速上涨，一直到期货合约到期或是 11 月 20 日达到最高价 299 之前，期间没有出现持续 7 天的回调。这些例子证明了摆动图对于长期交易的价值。

判断极限价格的三个交易规则

无论是快速上涨的市场还是快速下跌的市场，当价格非常活跃，并且形成宽幅的价格区间时，我们要使用最高价与最低价的日线图表来判断趋势的首次变化。同时应用三个重要的交易规则：反转信号日、缺口日和涨（跌）停日。

反转信号日

反转信号日是指开盘价高于前一天的最高价，并且上涨创出本次运动的新高；随后下跌，并在当日最低价附近收盘，这是一个疲软的标志。我将其命名为“反转信号日”，它表明了趋势的变化。如果同一天也是缺口日和涨（跌）停日（随后将进行阐述），这对于趋势的变化更加重要。

下跌市场的反转信号日——在长时间的下跌后，经常会以出现一次宽幅摆动和突然的陡直下跌而结束。如果市场的开盘价低于前一日的最低价，并且下跌创出本次向下摆动的新低；随后当日出现反弹，并在当日的最高价附近收盘，有时会高于前一天价的价格区间。我将其命名为下跌市场中“反转信号日”，因为在当天的早些时候是疲软的，并创出了新低；当天的晚些时候走强了，并在接近最高点的位置收盘。

不能忽视这样一个事实，即使当天不是缺口日或是涨（跌）停日，反转信号日也能出现趋势的转折点，尤其是在价格已经下跌7～10天，甚至可能长达14天，而且期间从未穿越前一天最高价的情况下。当逆转出现，前一天的最高价位被穿越，并且市场收盘高于前一天的最高价，这就是一个反转信号日，表明了趋势的变化。

在快速上涨的市场中，当价格连续上涨7～10天，或是14天甚至更长的时间，没有跌破前一天的最低价时，如果价格第一次跌破前一天的最低价，并且以接近于当天的最低价收盘，这就是一个反转信号日，而不管这一天是否同时是缺口日或涨（跌）停日。但是，如果这一天同时是缺口日和涨（跌）停日，就对于趋势的变化更加重要。

缺口，以及在谷物上的意义

为了那些不熟悉缺口的新交易者，我将解释价格缺口的含义。谷物或其他商品期货的合约价格在隔夜后，以高于前一天收盘价1～3美分甚至是更高的价格开盘，或是以低于前一天收盘价1～3美分甚至是更低的价格开盘，这样就形成一个当天没有交易的价格空间或是价格区域。这样就出现了我所说的真空或是价格的缺口。

向上的缺口

这是一个在前一天的最高价与当天的开盘价之间没有交易的价格区间，所有的买进（价）都在当天的开盘价之上。这就是我所说的真空或是向上的缺口。例如，如果星期一的最高价是124，第二天，也就是星期二的开盘价是127，全天没有出现低于127的成交价，这使得124～127形成一个没有交易的缺口。这个缺口可能在3天、3周，3个月中都不会回补；在某些情况下，缺口可能几年内都不会回补。

向下的缺口

假设大豆、小麦、玉米，或其他商品期货正在下跌，星期三的价格是154，第二天，即星期四以150开盘并持续下跌，全天没有高于150的成交价。这使得154～150之间，也就是有4美分每蒲式耳的价格区间在当天没有交易。这就是向下的缺口。

导致出现缺口的原因

导致出现缺口的原因经常是头天夜里出现了轰动或是意料之外的消息。在上涨的市场中，当消息一公布，公众会冲进市场买进，空头方则慌乱地回补空单。如果消息是在头天夜里或是周末公布的，那么在开市前就会堆积大量买单，导致需求远大于供给。因此，市场就会抬高几美分开盘，留下一个缺口。

在下跌市场中，那些持仓并期待反弹的交易者在最后阶段丧失希望，当不利消息一公布，他们都试图马上卖出，同时空头方则要增加头寸，这样就导致市场以低于几美分的价格开盘，留下一个缺口。

在确定一轮大幅摆动的高位或是低位的终结点的过程中，缺口常常是非常重要的。我将给出一些交易规则和例子，用以证明在这类终结点时，缺口是重要信号。

向上的衰竭缺口

在谷物期货合约或是其他商品期货上涨了很长一段时间后，有时仅仅在一天中出现缺口，这一天通常就是反转信号日。这种情况多次发生在特定重要的 1/2 位。当这种类型的缺口出现时，价格在第二天就会下跌并回补缺口，这就是我所说的衰竭缺口。这个时候，你的止损单要设置在缺口日的最低价下方 1 美分。如果这是一个反转信号日，你应当在第二天开盘时卖出，或是在任何小反弹时卖出。通常你应当在缺口日的最低价下方 1 美分设置止损单；随后，当触及止损价的时候反转自己的头寸。

例子——11 月大豆，1950 年

7 月 15 日——最高价 250½，收盘价 249。

7 月 17 日——星期一，积累的大量买单进入市场，开盘价 254，最低价 253，最高价 257½，收盘价 255。这不是反转信号日，但却是缺口日，因为最低价比前一日的最高价高 2½美分。因此，你应当在 7 月 17 日的最低价下方 1 美分的 252 设置止损单。这样会使你在 252 退出大豆的多头，并转为卖空。随后是一轮陡直的下跌。

7 月 19 日——最低价 240，这是一个买进点，因为它是 44 美分到 436¾的 1/2 位。

7 月 21 日——最高价 253，最低价 249，以最高价 253 收盘，并在 247½的位置留下了一个缺口。你的止损单应设置在 246½，也就是在缺口日最低价下方的 1 美分位置。

7 月 22 日——最低价 248。没有触及止损单，因为价格没有下跌到这个缺口下方的 1 美分。

7 月 25 日——最低价 253½，最高价 263，收盘价 263。

7 月 26 日——价格强势开在 266，比前一日的收盘价高 3 美分，留下了 3 美分的缺口。当天的最低价 266，最高价 272，收盘价 268，这是个反转信号日。$269\frac{3}{8}$ 是 $191\frac{1}{4}$～$347\frac{1}{2}$之间的 1/2 位。这个位置有两个原因使得你应当在 7 月 26 日卖出 11 月大豆并转为卖空操作：首先这是一个反转信号日；其次这是一个重要的 1/2 位。在价格已经出现惊人的上涨后，如果你不卖出，就应当把止损单上移到 265，也就是在出现缺口的 7 月 26 日最低价的下方 1 美分的位置。

7 月 27 日——回补缺口，期货合约收盘于 264，并且继续下跌。

向下的衰竭缺口

当市场已经下跌很长一段时间并且下跌幅度很大时，缺口就更加重要了。与极限高价出现的衰竭缺口一样，衰竭缺口出现在极限最高价的日子。向下的衰竭缺口通常是由于积累的大量卖单，导致市场开盘下跌，留下缺口。如果这个缺口只持续一天，第二天就回补缺口，这就是一个衰竭缺口与反转信号日，它常常出现在重要的 1/2 位。当市场长期下跌之后出现这类缺口，并且成交量比前些天增加时，如果你在市场卖空，就应当将止损单下移到衰竭缺口当天的最高价上方 1 美分的位置；或是在市场第一次高于缺口日最高价时平掉空仓，并转入多头买进。

例子——11 月大豆，1950 年

9 月 16 日——最高价 $24\frac{1}{2}$，最低价 $239\frac{1}{4}$，收盘价 240。注意 240 是个重要的 1/2 位。这些重要点位附近常常会有大量的买单或卖单。此时，市场已经从最高价 254 和极限高价 272 下跌了。

9月18日——最高价238，最低价233½，收盘价236，在238～239¼（前一天的最低价）之间留下了一个缺口。这个缺口在一段时间内没有回补。你在大豆期货上的空头头寸的止损单应当已经下移到了239，也就是9月18日最高价上方1美分的位置。

9月25日——价格跌至231¼，这是19¼～272之间的1/2位。这是一个自然的支撑位，至少是一次温和反弹的买进点。

10月4日——最高价239¼。价格回补了这个缺口，并上涨到9月16日的最低价，但没有能到达那天的收盘价。没有能够越过这个价位的原因在于240⅜是一个重要的1/2位。因此，你应当在这个位置卖空，并把止损单设在241⅜。

10月16日——最低价226½。这是个反转信号日，开盘价仅仅比9月14日的最低价下跌了1/2美分每蒲式耳；随后出现反弹，并在9月15日的收盘价之上收盘，而且收盘价接近当天的最高价。这是个反转信号日。虽然这时没有出现缺口，但也是回补空头并多头买进的时机。如果没有回补空头，当你在当天临近收盘时注意到这是一个信号日时，你就应当将止损单设置在9月16日最高价上方1美分的230¾。

缺口的数量

大型摆动或是长期行情中出现的缺口的数量非常重要。通常，当上涨的市场中，在新的高价区间连续出现3～4个缺口，或是在下跌的市场中，在新的低价区间出现3～4个缺口时，价格就处于一轮逆向运动的顶点附近。但是通常在计算内部缺口的情况下，在行情结束之前，缺口的数量就可能多达 6～7 个，在极端情况下，缺口的数量甚至高达 10 个。其中一些缺口可能在 2～3 天的回调中回补，但是在市场反转并开始回补缺口之前，一些缺口不会进行回补。

应当记住的一个很好的交易规则是：在极限高价或是极限低价位出现衰竭缺口之后，随后从出现缺口那天的最高价开始了一次逆向运动，并持续了 3 天，这就是趋势正在变化的标志，至少暂时是这样的。在下跌的市场中，当衰竭缺口出现在一轮下跌的底部，并且随后出现的反弹持续 3 天，这就是一个趋势变化的明显标志。

说明——11 月大豆，1950 年

6 月 24～26 日，缺口。战争开始了。

7 月 3 日——这轮运动创出新高时的缺口。

7 月 5 日——回补缺口，仅持续 1 天的下跌；随后穿越了 7 月 3 日的顶部并继续上涨。

7 月 17 日——新高位置出现的缺口。当天最高价 257½，最低价 253。第二天回补了缺口。

7 月 19 日，最低价 240，2 天内下跌了 17½ 美分。在 2 日图上出现了一轮向下的运动，这是超买市场中的一次短周期的纠正运动。240 作为一个重要的 1/2 位，导致这个价位成为支撑位和买进点。这次 17½ 美分每蒲式耳的下跌是从 6 月 16 日的最低价以来最大跌幅的事实，是顶部可能即将来临的警示信号。

7 月 25 日——涨停日，价格上涨了 10 美分每蒲式耳；以当天的最高价强势收盘。

7 月 26 日——价格在涨停价的 1 美分范围之内。这是一个缺口日，是自 6 月 24 日以来的第 4 个缺口日。当天同时也是一个反转信号日，并得到了三个交易规则的确认，这里形成了顶部：这轮异常的向上摆动已经持续 30 天；价格也上涨 64 美分每蒲式耳[①]。有了这三个市场已经形成顶部的标志后，你应当要么在市场多头卖出，要么把止损价设置在最低价下方 1 美分的位置。

7 月 27 日——回补了 7 月 26 日的缺口。在此之后，你应当退出市场并转为卖空操作，并将止损单设置在 7 月 26 日的最高价上方 1～2 美分的位置进行保护。

内部缺口

在市场形成顶部并回调了几天之后，接下来在前一天的最高价上方出现一个缺口，但在出现缺口的当天最高价没有创出新高，这就是一个内部缺口。熊市与此相反。与在极限顶部或是底部出现的缺口相比，内部缺口的重要性相对较小。

新期货合约开盘时的缺口

在 5 月期货合约、任何其他的谷物期货合约，或是其他商品期货的合约到期了，下一年度的新合约随后开始交易时，经常会出现这样的情形：新期货合约的开盘价可能远远低于先前合约的最低价，或是远远高于先前合约的最高价。对于长期投资来说，在先前合约的最高价与新合约开盘价，或是先前合约的最低价与新合约的开盘价之间留下的缺口，比最高价、最低价的日线图或是周线图上的缺口更重要。

当新期货合约以高于先前合约的最高价开盘时，在价格上留下了一个缺口，几乎总是预示了在回补缺口之前，价格将走得更高。

① 译注：缺口日本身也是一个确认信号。

当新期货合约以远低于先前合约的最低价开盘时，在价格上留下了一个缺口，在回补缺之前，很可能会下跌到更低价位。

例子——5月大豆

1948年1月15日，最高价436¾。2月9日，期货合约出现极限低价320½。随后，1948年5月，在合约到期的时候反弹到到了425。1949年交割的下一个合约在1948年10月开始交易时，价格在245附近。这在前一个期权的最低价320½下方留下了一个缺口。1949年（交割）的合约在1948年10月下跌到239，这是一个支撑位和买进点，因为这是1932年12月的极限低价44美分和1948年1月的极限高价436¾之间的重要1/2位。1948年11月23日，该合约到达了最终的最高价276½。这样就在前一个合约的最低价320½下方仍然留下了一个44美分的缺口。

1949年的这轮下跌持续到1949年2月14日，到达了极限低价201½。这个位置是1941年和1942年的老顶的下方；同时，202½是1920年的最高价405的1/2位。1949年合约在1949年5月以241的价格结束。1950年交割的合约在1949年11月到达了最低价220½，这是支撑位和买进点，因为218⅜是436¾的1/2。该合约随后开始上涨。

1950年3月，价格穿越了240这个½位置，以及243和244这两个顶部，预示着更高的价格。1950年5月，穿越了1948年11月的最高价276½，进入了缺口区间。在这种情形下，我们可以推想价格可能上涨，并且回补320½的缺口。价格在1950年5月8日上涨到了323½。

从1948年的最低价到1950年5月的最高价，在缺口回补之前总共经历了27个月。开盘价远低于缺口这个事实，表明了这是个熊市，并且在回补缺口之前价格将会走得更低。

缺口与涨（跌）停日

在撰写本书的时候，大豆的单日波动幅度限制是10美分每蒲式耳，这意味着价格可以在前一日收盘价的基础上下跌或是上涨了10美分。小麦的单日波动幅度限制是8美分每蒲式耳。

当价格在某一交易日上涨到涨停板时，这是需求增加的结果，包括大量的多头买进与空头回补；当价格下跌到跌停板时，这是套现的结果，包括公众大量的套现，以及因为价格将继续走低而过度自信的空头大规模增仓。当价格在当天到达涨（跌）停板时，通常会出现缺口；当价格处于极限高（低）价的时候，经常是反转信号日，而且经常在某个重要的阻力位附近。

当市场非常活跃并且价格快速运动时，有的时候会持续3～4日都到达涨（跌）停板。1939年9月希特勒发动战争时，小麦价格连续4日到达涨停，在第5日开盘时形成顶部，随后是一轮陡直的下跌。然而，正常情况下，价格很少会连续上涨或是下跌到涨（跌）停板超过2～3日。在上涨市场中，当价格连续2日上涨到涨停板，并以当天①的极限高价收盘时，在次日开盘时卖空，并将止损单设置在距离2～3美分的位置，通常这样操作是安全的。在下跌市场中，当价格连续2日下跌到跌停板，并以当日极限低价收盘，在次日开盘时多头买进，并将止损单设置在距离2～3美分的位置，通常也是安全的。

如果价格上涨到了涨停板，并在同一天出现了反转信号，而且价格在前一天的最高价上方留下一个缺口，这就是一个最终最高价的标志。如果第二天价格开始下跌，并回补了极限高价那天留下的缺口，这就是趋势已经变化，并且是价格正在走低的标志。这三个标志会在后来的价格失衡后回调，以及与先

① 译注：连续的第二个涨停日。

前的时间周期的失衡得到证实。同时，顶部也能够由 1/2 位这样重要的阻力位得到证实。这条交易规则反过来可以在熊市行情或是下跌的市场中应用。

例子——11 月大豆，1950 年

7 月 25 日——价格上涨到涨停板，并以当日的极限高价收盘。

7 月 26 日——以更高的价格开盘，留下一个缺口，并形成了一个反转信号日。市场在 6 个交易日[①]内上涨 32 美分每蒲式耳，并留下一个缺口和信号日。在此之后，7～10 天的交易规则就可以像周线的时间交易规则一样使用：从 7 月 24 日的最低价起算是 30 天；从 5 月 25 日起算是 60 天；从 3 月 27 日起算是 4 个月，也就是 1 年的 1/3，这些时间周期导致这里成为多头卖出并转为卖空操作的时间点，因为同时这是一个衰竭缺口和反转信号日，价格已经上涨到涨停板，而且正位于一个重要的 1/2 位。

10 月 16 日——最低价 226½，这是一个信号日。同时基于 7～10 天的交易规则和阻力位，应当回补空单并多头买进。

10 月 18 日——以更高的价格开盘，留下一个小缺口，并上涨到涨停板，而且以当日的最高价收盘。在此之后，没有出现价格将走低的信号；回调的幅度很小。

10 月 25 日——开盘后陡直升高，留下一个缺口，上涨到 10 美分每蒲式耳的涨停板，并在当日最高价下方仅 1 美分的价格收盘。这是自 10 月 16 日以来，价格第二次上涨到涨停板。

---

① 译注：江恩的技术体系中，日历日是包括周日和任何其他不开市的节假日；交易日则仅仅是指开市日。

10 月 27 日——价格 10 月 26 日与 27 日持续上涨，创出了新的最高价，到达了距离该合约整个交易期中的最高价不到 8 美分的价位。但是仍然没有信号日出现；而且从 10 月 16 日的底部以来，价格没有跌破任何前一天的最低价 1 美分。

不要忽视这个事实：在缺口不论以何种方式回补时，并不意味着主要趋势正在变化；而是意味这小型趋势正在逆转。当然，亦有可能在以后确认主要趋势已经改变了。

在长期上涨或是下跌之后，总是要留意缺口，然后应用所有的交易规则。同时，在长期上涨或是下跌之后，也要留意信号日和涨（跌）停日。当价格在上涨的过程中，每天都形成更高的底部时；或价格在下跌的过程中，每天都形成更低的底部时，要应用 7～10 天的交易规则。

在商品期货上的长期投资

人们经常给我写信并说："我想交易商品期货，因为我知道它们的赢利非常高。但是，商品期货不像股票那样，长期持有能够在所得税上获得收益。"其他人则认为交易期货合约与赌博一样，这非常危险。

买进或是卖出商品期货与投资股票一样合法，因为你交易的是生活必需品。你通过交易商品期货可以获得长期资本收益，并能节税。你可以按照以下的方法做。假设在 1950 年 2 月 6 日不久之后，当时 11 月大豆的价格为极限高价的 1/2，这表明了应当买进，你就买进；也可以在此后的 2 月 20 日，当 11 月大豆显示出明确的上涨趋势后买进。1950 年 7 月 26 日，11 月大豆的最高价为 272，同时，依据三个交易规则表明了这里应当卖出。你已经获得了大笔的赢利，但是你可能会说："如果我在 6 个月的期限之前卖出，我所有的赢利都不得不得纳税。"以下告诉你应怎么做：

此时，11 月大豆合约的价格为 272，5 月大豆合约的价格为 279½。你应当卖空等量的 5 月大豆，并继续持有 11 月大豆，一直到满足 6 个月的期限。

如果市场下跌，无论你在什么价位卖出都没有任何区别，因为你获得的赢利等于接近顶部的价格。如果你卖空 5 月大豆的价格为 276，随后在 8 月市场处于非常低的价位时，11 月大豆的 6 个月期限也已经过去了。此时，你应当卖出 11 月大豆，并且继续持有 5 月大豆的空单，一直到 5 月大豆出现了到达底部的确切标志。

1950 年 10 月 16 日，或是此后不久，无论是 5 月大豆还是 11 月大豆，所有的交易规则表明了底部。此时，你应当回补 5 月大豆的空仓，并且再多头买进 5 月大豆。

你将在空头头寸上获得短期的收益；如果此后你在多头头寸遭受了短期的亏损，就可以用这笔短期收益抵消这笔短期亏损。

1950 年 10 月 16 日至 1951 年 2 月，所有大豆合约都在上涨。当 5 月大豆正处于高位的标志出现时，就是卖出的时机。由于政府限制了价格，你在 1950 年 10 月买进 5 月大豆将不会获得长期的收益。因此，1951 年 2 月 8 日后不久，当表明了 11 月大豆的顶部和卖出点（在形成 334 的最高价之后）时，你就应当卖空 11 月大豆，并且继续持有 5 月大豆的多头头寸，一直到 6 个月的期限在 4 月份的某个时候期满。在那个时候，你仍然能够以政府限定的价格卖出 5 月大豆，并且在 11 月大豆的空头头寸上获得 40 美分的赢利。你应当继续持有 11 月大豆的空头头寸，一直到它表明到达了底部。如果 5 月大豆仍然在交易中，你就应当回补 11 月大豆的空单，并且再次多头买进 5 月大豆。

通常，在多头账户下买入 5 月和 7 月合约更合适些，因为从春季到夏季，旧大豆的供应会越来越少。同样的原因，11 月大豆则更适合卖空，因为新收获的大豆可以在 11 月交割，价格会比 5 月合约和 7 月合约下跌得更多。

通过这样的方式，将这一交易规则应用到其他任何谷物、鸡蛋、棉花，或其他任何商品期货上，再遵循摆动交易的规则要点，你就能获得长期收益。

结 论

1941 年，当我撰写本书的第 1 版时，我曾写道：大豆是商品期货之王。早些时候，棉花是商品期货之王，因为棉花提供了在所有的商品期货最赚钱的价格运动。在最近的 10 年中，就大幅度摆动和波动而言，大豆仍然保持了在所有商品期货中"商品期货之王"的地位。对于长期交易，大豆已经被证明比其他任何一种商品期货更能赢利。我相信，如果我的读者遵循这些交易规则，他们将会在未来获得巨大的赢利。

大豆在很短的时期中就会出现很多大幅摆动，因为大豆的用途很多。从事贸易的人士买进或是卖出大豆期货；投机者和投资者交易大豆期货原因在于，因为非常容易跟随它的趋势；并且只要设置了止损单做保护，就能够再通过承担小风险的情况下获得巨额的赢利。

战争时期对各种物质的需求增加，大豆需求的增加量更是超过其他的商品。在美国于 1941 年参战后，所有商品的价格都上涨了，并且在很大的区间出现价格摆动。政府在 1943 年 1 月停止了大豆期货的交易，一直到 1947 年 7 月才恢复交易。此后，市场在 1947～1951 年期间最活跃，一些最大的价格摆动也出现在这个期间。如果你回顾一下大豆的摆动图，你就能亲自发现赢利的可能性。

与大豆一样，小麦、玉米、棉花、棉籽油、鸡蛋、咖啡和橡胶也都形成过大幅的价格摆动。交易鸡蛋会有非常大的赢利。

棉籽油被证明了是最后运动的品种，1947～1948年才创出了新高；而棉花在1946年就创出了新高。不过，棉花期货到达极限高价的时间是1951年3月。有些商品期货在其他商品期货已经形成顶部并且开始下跌，或是已经形成底部并且开始上涨之后，才创出新高或是形成新低。

咖啡在1950年出现了有史以来最大的上涨。橡胶期货在1950年经历了自期货交易开始以来的最大上涨。部分原因是1950年6月韩战的爆发。

最近7年中，公众开始热衷交易棉花、咖啡、棉籽油、大豆油和橡胶。人们仍然交易一些传统的可靠商品期货，例如小麦、玉米、燕麦、黑麦和棉花。这些商品期货依然提供了很多能够赢利的摆动交易机会。但是，我的观点是，大豆在很长的时间内将仍旧是商品期货之王，并将仍旧提供一些不寻常的赚钱机会。

赢利来源于知识

我强烈地敦促我的读者：在拿自己的钱冒险之前，要绘制图表、研究市场运动、应用科学的数学交易规则，并获取关于市场的知识。不要依据猜测来交易，或是依据希望去赌博。如果投资者与交易者能遵照我的新旧交易规则，我的努力就没有白费，我将因为能帮助他人并让自己得到丰富的回报而高兴。

W·D·江恩

1951年6月6日